PERO SI DICE QUE ME QUIERE

Dina L. McMillan, Ph.D.

Pero si dice que me quiere

Evitar la trampa
de las relaciones abusivas

EDICIONES URANO
Argentina - Chile - Colombia - España
Estados Unidos - México - Uruguay - Venezuela

Título original: *But He Says He Loves Me*
Editor original: Allen and Unwin
Traducción: Esther Gil San Millán

ISBN: 978-84-7953-652-7
Depósito legal: NA. 2.481 - 2007

Fotocomposición: Ediciones Urano, S.A.
Impreso por Rodesa S.A. – Polígono Industrial San Miguel
Parcelas E7-E8 – 31132 Villatuerta (Navarra)

Impreso en España - *Printed in Spain*

 MAR   2009

LABIA

Con las mujeres, siempre es la misma canción:
mientras el deseo arde en tu interior
ellas hablan hasta la extenuación.
Tú háblale en tono embaucador
porque eres un hombre, no hay discusión,
así que dile lo que sea, y ya está.

Dile que estaréis siempre juntos
y, por supuesto, que a tu esposa dejarás.
Métele mano entre los muslos
porque del calentón que tienes reventarás,
así que dile lo que sea, y ya está.

Dile que la respetarás y amarás
y mientras te la agencies le susurrarás:
«¡Mi chica eres ya!»
Pronto todo acabará y te podrás largar.
Para ella fue amor de verdad,
para ti diversión y nada más,
así que dile lo que sea, y ya está.

Vaso roto

Te miro de soslayo, en busca
de avisos y señales que me digan
si el mundo va a ir bien o se va a ir al garete
por una simple idea o por unas palabras.

Al principio yo estaba entera, aunque no enteramente
entre el asombro y el miedo;
llegaste tú con ínfulas de guarda y salvador
diciendo que en tus brazos estaba el paraíso.

Tu empuje me dejó clavada en donde estaba,
y ahora ya no puedo ni respirar siquiera;
tus palabras me corroen como el ácido a la piedra
y devoran mis certezas, mi luz y mi persona.

Veo cómo me aplastas con tu ira el corazón,
marcado a fuego por tu capricho;
mi alma se asoma por las rendijas mal cementadas
sin brillo alguno, valor ni bien

Prefacio

Éste no es un libro de autoayuda habitual, sino que, por el contrario, te parecerá muy distinto a todo cuanto hayas leído antes. Esta afirmación no es el autobombo de una autora con ínfulas, sino que tiene el propósito de ayudarte a entender que estas diferencias son intencionadas.

Gran parte de la información que se redacta para ayudar a mujeres inmersas en relaciones negativas llega *demasiado tarde.* Esos libros ofrecen ayuda *una vez* que ya se sabe que la relación no va por buen camino. En esa fase la mujer ya está metida hasta el cuello emocionalmente, y quizá también en el aspecto económico, en una relación con un hombre que le está haciendo daño. Su autoestima estará por los suelos y se habrá acostumbrado a ceder ante la autoridad del hombre. Salir de ese tipo de situación es muy difícil y puede parecer imposible.

En cambio, no hay que estar inmersa en una relación con un hombre manipulador ni maltratador para beneficiarse de la información que proporciona este libro. De hecho, familiarizarse con el contenido te mantendrá alejada de los maltratadores siempre que practiques lo que aprendas. Creo que más vale prevenir que curar. Me gustaría que las mujeres supieran cuáles son las señales de alerta *antes de* acostarse con un hombre, irse a vivir con él, casarse o tener hijos. Para las que ya hayan dado alguno de estos pasos, saber cómo han quedado atrapadas en una situación así puede ayudarlas a salir.

A diferencia de la mayoría de los libros, éste ha sido escrito con dos «voces» distintas. Las páginas impares de la derecha están escritas con la voz de la autora, una psicóloga social que está especializada en relaciones de pareja. En cambio, las páginas pares de la izquierda están escritas con la voz de un hombre que cree que manipular a su pareja está totalmente justificado y considera que todos los hombres deberían actuar igual. Utiliza las opiniones, el lenguaje y los puntos de vista que cientos de hombres que se han confesado maltratadores me han revelado en mi despacho. No es agradable, pero es útil que las mujeres sepan cómo son.

Habrá quien le encuentre reparos a este libro y la información que contiene. Aun así, los profesionales que trabajan con mujeres maltratadas seguramente reconocerán que no revela nada que los maltratadores no sepan y utilicen ya. Este manual ha sido diseñado con el propósito de ayudar a las mujeres *a identificar las estrategias específicas que utilizan los maltratadores al principio de la relación para condicionar psicológicamente y atrapar a sus parejas.*

Para facilitar el objetivo final de este libro (reforzar a las mujeres), he separado el volumen en dos secciones. En las páginas pares de la izquierda podrás encontrar instrucciones para maltratadores, escritas como si los consejos los diese un maltratador con más experiencia. He intentado profundizar en la mentalidad de los maltratadores, basándome en los años de experiencia que poseo trabajando como asesora en relaciones de pareja y especialista en violencia de género. Por el contrario, las páginas de la derecha aportan información dirigida *a mujeres,* ya que os ayudará a detectar las tácticas manipuladoras y a protegeros.

Sugiero a las lectoras que lean primero las páginas de la derecha (las que están dirigidas a mujeres), y que después pasen a la sección dedicada a los maltratadores. Puede ser muy inquietante darse cuenta de con qué facilidad nos puede calar y manipular un depredador decidido. Cuando ya poseas toda la información que te ayude a entender los puntos más vulnerables de las mujeres y cómo protegerse, entonces podrás echarle un vistazo a la mente de los maltratadores. Es una experiencia espeluznante.

El libro no contiene historias a título de ejemplo. Es directo y conciso y por eso no tienen cabida en él. Se limita a guiarte paso a paso por las *estrategias que utilizan los maltratadores para manipular a las mujeres.* Una vez que lo hayas leído, ya no tendrás que darle vueltas a si un hombre te está intentando manipular (o lo ha intentado y le ha salido bien o mal): *lo sabrás con certeza.*

ÍNDICE

Índice

Introducción:
EL MANUAL DEL MALTRATADOR

Durante los últimos treinta años, a los hombres nos han criticado por ser hombres. Los gobiernos y los medios de comunicación nos han mentido. Este engaño ha contado con el apoyo de feministas y otras personas que se sienten amenazadas por el verdadero orden de las cosas. Se supone que los hombres somos los que tenemos que gobernar y liderar. Es así de simple. Si eres hombre, tienes el derecho y el deber de hacerte cargo de tu mujer y tu familia.

Si te han engañado con las cosas que cuentan últimamente, no te preocupes. El propósito de este libro es que las aguas vuelvan a su cauce. *Aquí encontrarás los primeros pasos importantes.* Te enseñaremos a reorientar tu forma de pensar y la de tu pareja para restablecer el orden natural de las cosas.

Introducción:
«Pero si dice que me quiere»

Como psicóloga especializada en relaciones interpersonales, me asombra y horroriza siempre el comportamiento de los maltratadores con sus parejas, además de provocarme consternación, asco y rabia. Lo que me asombra es la increíble coherencia que parecen mostrar estos hombres para hallar el modo más eficaz de manipular a las mujeres que les quieren. Tanto si viven en la Australia rural, como en el centro de Nueva York, siempre hacen y dicen lo mismo, prácticamente calcado. Un compañero de trabajo me dijo: «¡Parece que todos hayan leído el mismo manual!»[1]

¿Cómo es posible que su comportamiento sea prácticamente idéntico? Pues *porque éstas son las tácticas más eficaces para darles a estos hombres el control de sus parejas.* Tanto si lo hacen de forma intencionada como accidental, las acciones que llevan a cabo los maltratadores, el uso que hacen de un lenguaje y unas pautas de conducta específicos, desencadena unas reacciones emocionales y psicológicas peculiares en sus parejas. Estas manipulaciones hacen que sus compañeras dependan de ellos emocionalmente, que se sientan inseguras e incompletas, ade-

Antes de empezar, prepárate mentalmente. Recuerda que todo lo que nos rodea lo hemos creado los hombres. Los cimientos de la sociedad (liderada por hombres) tienen que ser firmes y los hombres tenemos que encargarnos de todo, ya que de lo contrario todo se vendría abajo. Tu capacidad para conseguir y mantener el liderazgo sobre tu pareja dependerá de tu habilidad para entender que tienes DERECHO a controlarlo todo. Si vacilas o te muestras blando, las mujeres que haya en tu vida pensarán que son ellas las que te pueden dominar.

Siempre tienes que recordarles quién es la persona más importante: tú. Tú eres el *hombre*. El deber de la mujer es satisfacer tus necesidades, asegurarse de que estás feliz y contento. Si bien a veces resulta útil hacer cosas por una mujer, hay que estar siempre seguro de que sus necesidades no se anteponen a las tuyas. Ella no puede estar contenta si no sabe cuál es su lugar. Su lugar está por detrás del tuyo, debajo de ti, a tu servicio.

No cometas el error de subestimar a las mujeres. Quizá parecen débiles pero pueden

más de tener una autoestima muy baja. Y así es como el maltratador detenta el poder.

Tanto si planean su estrategia como si no, la semejanza en la conducta de un maltratador hace que sea predecible. La gente que padece el mismo tipo de problemas emocionales y psicológicos se comporta de la misma manera, sean cuales sean sus circunstancias personales. Los hombres que padecen los trastornos de personalidad que son el origen de la mayoría de las relaciones de maltrato, sienten una necesidad compulsiva de dominar y subyugar a su pareja. Este tipo de relación les hace sentirse fuertes, seguros y valorados. Actúan de un modo parecido para alcanzar la dominación y reaccionan de un modo previsible si encuentran resistencia.

También encuentran un apoyo cultural que les ayuda a actuar así, ya que son *hombres* y sus compañeras, *mujeres*. La mayoría de las culturas les inculcan a las mujeres que los hombres son los que tienen que tomar las riendas de una relación y que eso es bueno (o, como mínimo, aceptable). A las mujeres les enseñan a ser complacientes, sumisas y a hacer la vista gorda para mantener contento a su hombre. Se les enseña a idealizar este tipo de relación mediante cuentos de hadas, ideas que transmiten los medios de comunicación e incluso historias que se cuentan en las familias y las comunidades. *A las mujeres no les enseñan a aceptar los malos tratos emocionales* en sí; sin embargo, les enseñan a aceptar la autoridad del hombre, a esperar a que él las elija, a ser siempre agradables y a concederle a todo el

ser taimadas y astutas. Algunas te harán
creer que han aceptado su lugar y después
actuarán de modo desafiante. Tienes que
vigilar muy de cerca a tu pareja. De vez en
cuando, reafirma tu autoridad para
recordarle cuáles son las consecuencias de
la desobediencia.

No temas utilizar el castigo. El castigo
no es algo malo, sino una herramienta
didáctica eficaz. Hay pocas mujeres que
puedan ser educadas sin él. Para algunos
hombres, el castigo a infligir adopta forma
física. Sin embargo, *no* es la forma más
fiable para enseñarle a la mujer cuál es su
sitio, además del hecho de que los
correctivos físicos pueden causarnos
problemas con terceros. En cambio, tienes
que ser consciente de que los castigos más
eficaces son los emocionales y
psicológicos. Este libro te mostrará cuáles
son los castigos más efectivos y cómo y
cuándo emplearlos.

Asimismo te enseñará a conseguir y
mantener una autoridad *indiscutible* sobre
tu pareja. Debes recordar que, si quieres
que funcione, tendrás que prestar atención

mundo «el beneficio de la duda». No les enseñan a discernir o a ser independientes. Al contrario, las animan a ceder y a reprimir sus instintos con el fin de adquirir y mantener una pareja sentimental.

Todos estos ingredientes hacen que las mujeres sean vulnerables ante los maltratadores. Mediante un proceso de ensayo y error, los hombres jóvenes con problemas emocionales aprenden a decir y hacer todo lo que sea necesario para alcanzar sus metas. A los veinte años, la mayoría ya se conoce al dedillo todos los pasos del proceso, incluyendo la elección de la mujer adecuada, la manipulación para conseguir el control completo y la tremenda libertad que consiguen dentro de la relación. Estos hombres no sólo pretenden dominar, sino que exigen ser *dueños* de sus mujeres. Sus parejas se convierten en esclavas a perpetuidad, siempre sometidas a los cambios de humor de sus amos. El dominador sabe que no tiene por qué haber un motivo fundado para castigar a su pareja: la puede castigar con razón o sin ella. Al fin y al cabo, el amo no tiene que rendirle cuentas a su esclava.

Antes de que continuemos exponiendo los detalles que te ayudarán a protegerte contra la manipulación, resultará útil reconocer las razones subyacentes de la eficacia de este comportamiento. Los hombres no tienen por qué ser lumbreras para identificar una pauta general en la conducta humana, que describe gran parte de las interacciones entre personas:

y aplicar un esfuerzo constante a la tarea.
No obstante, si sigues los pasos tal y como
se especifican, tendrás a tu pareja
comiendo de tu mano, sirviéndote y
complaciéndote sin rechistar.

No improvises hasta que lleves bastante
tiempo controlando la situación. Algunos
pasos *tienen* que darse de una forma y en un
orden concretos. Si cambias el método o el
orden, tus intentos de educar a tu mujer
sólo alcanzarán un éxito parcial. Tu mujer
te desafiará constantemente e incluso puede
que deje la relación.

No obstante, hay ocasiones en las que
hay más de un modo de hacer las cosas, así
que podrás ir actuando según lo que te
parezca más natural. El modo de actuar, ya
sea firme o flexible, quedará claramente
indicado en las instrucciones.

Por cierto, las feministas y sus
simpatizantes pueden tachar de
«manipulación» estas conductas. Esta
palabra negativa implica que hacemos cosas
terribles en contra de la voluntad de una
persona. En cambio, en esta obra nos
referiremos a esta conducta como «maniobras

1. Alguien tiene una *intención,* un objetivo, que incluye a otra persona.
2. La primera persona decide *actuar* de un modo determinado para conseguir dicho objetivo.
3. La segunda persona *interpreta* lo que hace la primera, lo que eso significa.
4. El *resultado* es la acción que lleva a cabo la segunda persona basándose en:
   a. cómo se ha sentido respecto a la acción o acciones de la primera persona;
   b. sus intenciones respecto a la primera persona;
   c. *su juicio respecto a las intenciones de la primera persona.*

Lo que hace el maltratador es *disimular sus verdaderas intenciones* —el control y la dominación— de dos formas. En primer lugar, lleva a cabo acciones que sabe que la mayoría de las mujeres interpretarán como señales de amor y devoción. En segundo lugar, convence a la mujer de que el resto de sus acciones, las que revelan cuáles son sus verdaderas intenciones, *también son demostraciones de amor.* Si ella no le cree, volverá al primer tipo de acción y realizará algún gesto especialmente ostentoso (un soborno) para convencerla de que *todos sus actos son de amor.* Sabe que la mayoría de las mujeres no se aper-- rán siquiera de que las demás acciones (las cuestion-' las más importantes hasta que ya estén compr-

sutiles». Se trata de *acciones persuasivas* para convencer a tu mujer de que acepte plenamente tu liderazgo.

Puede que haya mujeres que se resistan. Las que se opongan frontalmente abandonarán enseguida la relación, a veces sin darte siquiera las verdaderas razones de la ruptura (las mujeres no siempre dicen lo que piensan). Aunque se muestre reticente de entrada, si una mujer permanece a tu lado, sus protestas no serán más que un resabio de su adoctrinamiento feminista. Al cabo de un tiempo aceptará que tus acciones son lo mejor para ambos y te querrá más que nunca.

acciones le garantizan el resultado que *él* desea, y no el que pretendía la mujer.

Las mujeres tienen que aprender a no asociar automáticamente determinadas acciones con intenciones positivas. Se tarda en saber cuáles son las verdaderas metas y objetivos de un desconocido. Por ello, hay que prestar atención a todo lo que ocurra, y no sólo a lo que encaje con nuestras ilusiones sentimentales. Este libro explica *cómo detectar las intenciones de los maltratadores* y cómo conseguir que sea la mujer, y no el maltratador, quien controle el resultado.

PRIMERA PARTE:

AL PRINCIPIO...

1

ELIGE A TU MUJER

El primer paso para lograr una relación como la que tú quieres es seleccionar a la mujer adecuada. Este proceso no es muy complicado, pero requiere que te andes con tino. Afortunadamente, la mayoría de las mujeres han sido educadas para someterse a la autoridad de los hombres muy hombres. Cuando le enseñes quién eres, lo normal es que se ponga en su sitio, que es la sumisión.

Procura no poner demasiadas emociones de tu parte al principio. Intenta que tu red sea amplia y dedica energía a capturar tu presa, pero guárdate las emociones para una fase más avanzada, cuando la mujer haya demostrado que vale la pena. Incluso si hay una que parece una buena candidata al principio, después

1

Elegida por un maltratador

Aunque no seas consciente, cuando un maltratador llega a los veinte años, lo normal es que ya sepa cómo elegir a mujeres que estén dispuestas a entablar una relación con él. En primer lugar, sabe que la sociedad les inculca a las mujeres que tienen que buscar a un «príncipe azul» que venga a rescatarlas. Ve que la mayoría de las mujeres siguen estando acostumbradas a que sean los hombres los que ostenten posiciones de autoridad y liderazgo sobre las mujeres. Mientras hace cola en el supermercado, ve las portadas de las revistas femeninas y comprueba que todos sus artículos explican cómo ser más sexi y atraer a los hombres. Juega con una enorme ventaja y lo sabe.

Su proceso de selección empezará antes de que abras la boca. Examinará tu ropa, tu apariencia (incluyendo tu origen étnico) y tu forma de moverte. ¿Estás de pie, erguida, con los hombros hacia atrás, mirando hacia delante y alrededor con seguridad? ¿O bien estás sentada discretamente, sujetándote las manos y cabizbaja, con la barbilla apuntando hacia el pecho? ¿Llevas ropa cara y a la moda o haces lo que puedes con un presupuesto limitado?

a lo mejor no quiere ser educada. No desperdicies tus emociones con mujeres desafiantes.

Existen varios procedimientos para determinar si una mujer es la correcta: (1) elige a una mujer que ya sea sumisa; (2) escoge a una mujer que puedas moldear con facilidad, o (3) acepta el desafío. La información que te aportamos a continuación te ayudará a decidir qué tipo encaja mejor en tu caso. También puedes optar por una combinación.

TIPO NÚMERO UNO: YA ES SUMISA

Para todos aquellos que no queráis partir de cero, la vía más fácil para encontrar a una mujer sumisa es buscarla entre las que ya tienen una actitud mental correcta. No sólo verán el poder del hombre como algo natural, sino que adquirirán una posición privilegiada dentro de su propio grupo si las demás ven que mantienen una relación estable con un hombre como Dios manda. Busca a este tipo de mujer en:

¿Tienes aspecto de proceder de un país conservador o vas moderna, al estilo occidental? ¿Llevas un vestido discreto que te llega por debajo de las rodillas y te queda suelto o ropa a la última que resalta tu buen tipo? Te estará examinando más a fondo que un soldado en misión de reconocimiento.

Y ¿sabes una cosa? Vistas del modo que vistas o tengas la actitud que tengas, eso no implica que un maltratador te vaya a descartar como pareja potencial. Te está examinando para determinar cómo debe acercarse a ti y para ver si manifiestas algún punto débil que pueda explotar. A continuación, decidirá cuál será su siguiente movimiento, según el esfuerzo que quiera dedicarle. Algunos maltratadores buscan a mujeres dóciles a las que puedan dominar enseguida, mientras que otros prefieren a las mujeres que exigen mayor habilidad. Créeme, por cada dos maltratadores que se decantan por una presa fácil hay otro que busca un reto.

Tipo número uno: educación tradicional

Las mujeres que han sido educadas siguiendo la tradición suelen estar acostumbradas a someterse a los hombres. Eso no significa que estas mujeres estén «pidiendo» que las maltraten ni que tengan que aceptar malos tratos de nadie. Sin embargo, son mujeres que tienen que estar más alerta porque sus tradiciones pueden dar la oportunidad a los maltratadores de camuflarse mejor. Éstos son algunos aspectos en los que puedes mostrarte vulnerable ante un maltratador si te has educado en un entorno tradicional:

- Culturas que entiendan que lo normal es que las mujeres estén sometidas a la autoridad del hombre. Hay quien prefiere buscar en el extranjero. Con Internet es posible encontrar una esposa extranjera con facilidad y sin que salga cara;
- Familias que sean originarias de las culturas que hemos mencionado. Lo mejor es encontrar mujeres que hayan sido educadas en tradiciones que no se hayan visto muy influidas por valores feministas. Este tipo de mujeres se encuentra en muchas ciudades importantes, donde hay grandes grupos étnicos de origen no occidental que forman comunidades que defienden su modo de vida tradicional;
- Grupos religiosos que les enseñan a las mujeres cuál es su papel en la sociedad: someterse a la autoridad de sus maridos y cuidar de su hombre y de sus hijos;
- Familias tradicionales con unos roles muy marcados para los hombres y las mujeres. Son difíciles de encontrar en el mundo occidental, pero no es

- Las culturas tradicionales a menudo transmiten que los hombres y las mujeres son sustancialmente distintos, que tienen necesidades e impulsos que difieren sustancialmente. El papel del hombre es controlarlo todo y tomar decisiones, mientras que el de la mujer es cuidar de él y de los hijos. A las mujeres no suelen enseñarles a ver los inconvenientes que tienen para ellas las estructuras tradicionales, o les enseñan a aceptarlos como algo inevitable.

- Las religiones tradicionales acostumbran a enseñar que el deseo del Creador es que hombres y mujeres tengan papeles distintos en la familia y en la sociedad. A veces también proclaman que las mujeres tienen que permanecer junto a sus maridos, prescindiendo de cómo las traten, y que, si el matrimonio no va viento en popa, la culpa, en el fondo, es de la mujer.

- En algunos casos adoctrinan a las mujeres para que crean que la mujer tiene que ser la que se instale con la familia del marido cuando hay un compromiso serio, y no al revés. Por lo tanto, puede que eso signifique mudarse a vivir a otra ciudad o a otro país para estar con él y su familia.

- Las mujeres tienen que cumplir una serie de normas mucho más estrictas o, de lo contrario, reciben castigos mucho más duros que los hombres. De este modo, se acostumbran a que haya un doble rasero, sobre todo en lo que concierne a la moral (el sexo) y al esfuerzo realizado para sacar a flote a la familia.

imposible. Las familias que viven en un entorno rural (pueblos, cortijos, caseríos) suelen encajar mejor en esta categoría. Hay veces en que una familia es sencillamente tradicional, mientras que otras veces el padre ha tenido dominada a la madre. Ambas situaciones son apropiadas para tus fines.

Cuando elijas a una mujer que ha sido educada para someterse a la voluntad de su marido, podrás confiar en su familia y en su entorno para que te apoyen si ella se desvía del camino que le has marcado.

Nota: una mujer de otro país puede no hablar nuestro idioma. Lo ideal es que aprendas su lengua si quieres comunicarte con ella. Sin embargo, es mejor que no le permitas aprender mucho castellano. Al no hablar nuestra lengua no podrá estar saliendo y entrando de casa sin ti. Además, mantener una relación contigo será su único medio para permanecer en el país. Si no quiere volver a su país de origen, tendrá que cumplir las normas.

Hay que tener en cuenta que las mujeres que

- Las reglas del noviazgo hacen que a las mujeres les sea mucho más difícil conocer a sus parejas antes de establecer un compromiso formal. Se espera que conserven la virginidad y sigan las directrices que les marca la familia. Las normas suelen limitar los encuentros de las mujeres con sus novios más allá de citas con carabina o formales. Si un pretendiente parece que sigue las normas generales de la comunidad y se gana bien la vida, normalmente la familia le apoya para que la mujer lo acepte como futuro marido, aunque su instinto le diga que hay gato encerrado (y la chica carezca de la experiencia necesaria para saber lo que falla).

Los maltratadores se aprovechan de estas situaciones al máximo. Aun así, si creciste en un entorno tradicional y sigues manteniendo muchos de los principios en los que te han educado, puedes protegerte de los maltratadores. Aquí tienes algunas orientaciones:

- Muchas de las señales de alerta que describe este libro estarán presentes incluso en los noviazgos más tradicionales. Intenta conseguir el apoyo de tu familia para elegir con cuidado a tu futuro marido. Diles que todo lo que sea verdad pasará la criba, mientras que sólo las mentiras cambian de aspecto al examinarlas de cerca.
- En las culturas más tradicionales, los parientes de segundo o tercer grado también tienen su importancia. Haz que te

pertenecen a grupos religiosos tradicionales pueden estar sometidas a una gran presión para casarse con alguien que pertenezca a su misma religión. Eso podría implicar que quizá debas convertirte a ella. Mientras que las creencias no diverjan demasiado de las tuyas o no sean muy estrictas, es una posibilidad que podrías tener en cuenta. Al fin y al cabo, las religiones más tradicionales esperan que las mujeres se sometan a más normas que los hombres.

Por cierto, incluso si la mujer es occidental y se considera moderna, estate ojo avizor y busca mujeres cuya última relación haya sido como la que tú deseas. Las mujeres de este tipo tienen la mentalidad adecuada: ya están educadas para ser sumisas.

Tanto si eliges a una mujer ya educada como si no, deberías prestar atención a los consejos que ofrecemos a continuación.

TIPO NÚMERO DOS: SE MOLDEA CON FACILIDAD

Algunas mujeres no están totalmente dispuestas a aceptar de entrada el dominio

ayude algún pariente de mayor edad (tío, tía, abuela, etc.) para que puedas rechazar a alguien de quien albergues dudas, aunque al resto de tu familia les parezca bien.

- No hay ninguna tradición que diga que las mujeres y los niños deban estar protegidos *de* sus maridos o de su padre. Ten en cuenta este dato y hazle responsable de lo que ocurra en este sentido.

- Si tienes que trasladarte a otro país, aprende la lengua local. De lo contrario, es posible que te pierdas o que tu hijo se ponga enfermo y te resulte imposible pedir ayuda. Busca cursos sólo para mujeres, de modo que él no tenga ninguna excusa para impedirte ir. Es muy importante que no tengas que confiar en que él te haga de intérprete.

- Tienes que ser consciente de lo difícil que es cortar con un maltratador. Tienes que saber que estás arriesgando tu vida y la de tus hijos si vives con un hombre así. Esto es lo más importante que debes recordar, mucho más que los privilegios que entraña el matrimonio. Presta la máxima atención a cualquier pretendiente y no confíes enseguida en él.

Tipo número dos: el maltratador está por encima, y la mujer, por debajo

Los maltratadores no sólo eligen a mujeres cuyo origen les resulte ventajoso, sino que también intentan conseguir una posición dominante gracias a una serie de ventajas en relación con su pa-

del hombre. No es un problema siempre y cuando elijas a una mujer que se deje educar. La mujer será más fácil de educar si tú tienes una *clara ventaja* sobre ella. Cuantas más ventaja tengas en más áreas y mayor distancia haya entre los dos en ellas, mejor funcionará todo (si ella es tradicional las cosas te resultarán más fáciles). La diferencia hará que te sea más fácil educarla para aceptar tu dominio. Algunas de las ventajas más comunes son las siguientes:

- **Edad:** Una de las formas más sencillas de conseguir autoridad es elegir a una mujer que sea como mínimo siete años más joven (cuanto más joven sea y menos experiencia tenga, mejor). De este modo se creará una dinámica similar a la de un padre con su hija y el papel dominante del hombre se aceptará con naturalidad. Puede darse una variante cuando un hombre más joven elige a una mujer que es como mínimo siete años mayor (normalmente una mujer mayor, de posición

reja. A continuación ofrecemos una lista de las ventajas más comunes que buscan los maltratadores:

- **Edad:** Sean cuales sean los argumentos que escuches en sentido contrario, una de las razones principales por las que los hombres eligen a mujeres mucho más jóvenes es porque las jovencitas carecen de experiencia. Así las pueden convencer con más facilidad e impresionarlas con cosas que no engañarían tan fácilmente a mujeres de más edad.
- **Estudios:** Quien tenga más conocimientos tendrá también mayor poder. Es una de las causas por las que los regímenes opresores empiezan por controlar la información. Si sales con un hombre que tenga más estudios (al menos cuatro años más), seguramente creerás a pies juntillas todo lo que te diga, sobre todo si lo dice con aplomo. Enseguida dependerás de él a la hora de tomar cualquier decisión que os afecte como pareja.
- **Ingresos:** A las mujeres les enseñan que tienen que encontrar hombres que se ganen bien la vida; en cambio, no se suele insistir tanto en que *las mujeres* tengan que ganársela bien. Si un hombre gana bastante más que tú, también tendrá más opciones y oportunidades que tú. Vuestro estilo de vida como pareja dependerá de sus ingresos, no de los tuyos, lo que le otorgará un poder que de otro modo no tendría.

acomodada). La mujer mayor teme verse sustituida por una más joven, de modo que se somete y no suele quejarse ni mostrarse posesiva.

- **Estudios**: Los estudios aportan a las mujeres habilidades que tienen cierto valor, y modifican el modo en que las trata la sociedad. Las mujeres con estudios leen más y, por lo tanto, suelen poner en tela de juicio las órdenes de su pareja. Lo ideal es elegir a una mujer que sea lo bastante inteligente como para entenderte, pero sin que piense que sabe más que tú. Es bueno que el hombre tenga más estudios que la mujer; cuanto mayor sea la diferencia, mejor.

- **Ingresos**: A pesar de los cambios acontecidos en los últimos veinte años, los hombres suelen ganar más que las mujeres. Cuanto mayor sea la diferencia económica a tu favor, más dependerá ella de ti para establecer y mantener su estilo de vida. Aunque empecéis al mismo nivel, si tú controlas el dinero, tendrás las mismas ventajas que si ganaras más.

- **Altura:** Algunos amigos se enfadarán conmigo por lo que voy a decir, pero el tamaño sí importa, sobre todo cuando se compara su altura y su corpulencia con las tuyas. Hay estudios que han medido las interacciones entre personas de altura distinta. Los resultados demuestran una clara ventaja en cuanto a poder y autoridad a favor de la persona más alta. Una diferencia considerable de altura (más de 20 cm) hace que sea el hombre quien lleve la voz cantante. Si es un maltratador, esta diferencia puede resultar catastrófica.[2]

- **Atractivo físico:** Este tema no se suele tratar, pero algunos maltratadores buscan a mujeres que no sean tan atractivas como ellos. Creen que si su pareja es bastante más normalita físicamente, no esperará que la traten como una princesa. ¿Cómo se puede determinar quién de los dos es más atractivo? Si él recibe más atención por parte de otras mujeres de la que tú recibes por parte de otros hombres, entonces es que él es más atractivo que tú. Así de sencillo.

- **Experiencia vital:** Las relaciones sentimentales con hombres que tienen más experiencia y son más sofisticados hacen que las mujeres estén en clara desventaja. Si entablas una relación así, te sentirás incómoda desde el principio y seguramente cederás a sus demandas para mantener su interés y evitar que te tome por el paleto del pueblo.

- **Experiencia sexual:** La sensación de incomodidad es aún más aguda cuando se tiene poca experiencia sexual. Si tu

Ella no tendrá idea de la situación económica de la familia y dependerá de ti para mantener su estilo de vida. Saber que tiene que hacer las cosas a tu manera o enfrentarse a la pobreza hará que se muestre más perceptiva a tus enseñanzas e influencia.

- **Atractivo**: Hay muchos hombres a los que no les gusta seguir este consejo, pero resulta muy ventajoso estar con una mujer que no es tan atractiva como tú. Ella sabrá que en cualquier momento puede ser sustituida por otra más guapa. Sabe que su pareja tiene más posibilidades de atraer a otras parejas que ella. Será consciente de lo afortunada que ha sido y de que, si tú te vas, el próximo hombre no será tan atractivo, no vestirá tan bien o no será tan deseable. Disfrutará al ver la envidia de sus amigas. Por lo tanto, se esforzará mucho por mantener a flote la relación y no se opondrá a su educación.
- **Sofisticación/experiencia**: No hace falta que seas James Bond; lo que buscas es a alguien que no tenga tanta

experiencia sexual es más bien reducida y te juntas con un hombre ducho en la materia, te enseñará a practicar el sexo como a *él* le gusta. Te manipulará y te dirá que lo mejor es hacerlo a su manera, aunque implique actividades que a ti no te gusten. Como no tienes suficiente experiencia como para discernir, él se aprovechará.

- **Minoría discriminada:** Si perteneces a un grupo étnico discriminado en la sociedad en la que vives, seguramente eso te afectará si mantienes relaciones con hombres que pertenezcan al grupo privilegiado. Necesitas una gran confianza en ti misma para no sentirte vulnerable cuando marginan al grupo al que perteneces.

- **Soledad:** Algunos hombres buscan mujeres que estén visiblemente solas. Saben que, si buscas desesperadamente una relación, no es probable que te plantees los motivos de sus acciones ni les dejes cuando las cosas se pongan feas. También saben que no los examinarás con lupa, por lo menos al principio.

- **Rebeldía:** Hay hombres que buscan a mujeres que tengan que desafiar a su familia y sus amigos para mantener una relación con ellos. Si los demás te dan la lata para que le dejes, no querrás darles la razón tan rápido. Dudarás mucho antes de dejar la relación, aunque él se muestre tal como es, porque no querrás que tus amigos y parientes te digan: «¡Ya te lo advertimos!»

experiencia, de modo que se sienta un poco inocente o ignorante en comparación contigo. Es muy útil que poseas conocimientos de una serie de temas que ella desconozca.

- **Experiencia sexual**: En primer lugar, no querrás que tu pareja sea un pendón. Tienes que ser capaz de confiar en ella. Si tienes más experiencia sexual que ella, podrás enseñarle a hacer lo que tú quieras sin que ella espere que tú hagas nada a cambio. Además, se preocupará por si está haciendo todo lo posible para complacerte, lo que resulta muy positivo.
- **Pertenencia étnica**: En la mayoría de las sociedades hay un grupo étnico que goza de una posición privilegiada. En el mundo occidental son los blancos los que la ocupan. Si eres un hombre blanco y ella procede de otro grupo étnico, se sentirá en desventaja en comparación contigo. Este hecho se verá reforzado si además pertenece a una minoría racial marginada, o si es inmigrante o hija de inmigrantes.

Recuerda que los maltratadores potenciales logran el control siempre que las mujeres hacen lo que yo llamo «comprar por catálogo», es decir, cuando buscan en un hombre una serie de cualidades que *ellas no poseen*. Si buscas a alguien culto, sofisticado, alto y atlético y no posees esas cualidades, estarás en una posición muy vulnerable. Por el contrario, tendrías que preguntarte, si tiene todas esas maravillosas características, ¿por qué no busca a una mujer con su mismo nivel o que pertenezca a su mismo grupo social? El hecho de que seas buena persona no equilibra la balanza. Si él posee muchas cualidades y tú no, no pienses que sólo busca una pareja que le quiera: está buscando a alguien a quien controlar y dominar. Siempre que a una mujer la dominan, corre el riesgo de que la maltraten.

Tipo número tres: fuerte e independiente

Aunque dos personas parezcan similares al observar sus cualidades generales, aun así pueden surgir problemas. Hay muchos maltratadores a los que les gustan los retos: mujeres fuertes y seguras de sí mismas a las que poder «domar» como si se tratara de potros rebeldes. Estos hombres buscan estos rasgos en las mujeres que ellos perciben como retos:

- **Soledad:** Incluso las mujeres que parecen tenerlo todo echan de menos tener pareja si viven solas durante un tiempo. Si te sientes sola e insegura probablemente no seas

- **Soledad:** Sea cual sea su formación o sus ingresos, si está sola y tú entras en su vida, estará desesperada por hacer que la relación funcione. Se sentirá incómoda e insegura. Es mucho más probable que haga lo que sea para retenerte sin discutir demasiado.
- **Rebeldía:** No encaja mucho aquí, pero las relaciones del tipo «Romeo y Julieta» poseen un enorme potencial. Si tiene que enfrentarse a su familia y a sus amigos para estar contigo, no es probable que tire la toalla fácilmente aunque le moleste que tengas autoridad sobre ella.

En general, cuantas más áreas haya en las que tengas ventaja y cuanta mayor sea la distancia entre vosotros en ellas, más fácil será moldear a la mujer a tu gusto.

TIPO NÚMERO TRES: EL RETO

Si te inclinas por este grupo, tendrás que elegir entre una cantidad mayor de mujeres y dedicar más tiempo a hacer una criba de

tan estricta a la hora de elegir pareja como lo serías en otra situación. Los maltratadores lo saben y se aprovechan de ello.

- **Independencia:** Hacerlo todo una misma puede ser agotador. Contar con un hombre con quien compartir las cargas puede resultar tentador y también puede hacer que no te cuestiones sus motivos, sobre todo si te dice que es un hombre moderno y no teme expresar su lado maternal femenino.

- **Exceso de confianza en una misma:** Las mujeres que tienen bastante experiencia a veces se equivocan precisamente por eso. Creen que son demasiado listas como para que las manipulen. Si sus parientes o amigos les advierten, puede que insistan en que saben lo que se hacen. Esta forma de pensar le viene como anillo al dedo al maltratador.

- **Crisis emocionales:** Incluso la mujer más segura de sí misma y más independiente puede bajar la guardia durante una crisis emocional. A pesar de que algunos maltratadores buscan de forma consciente a mujeres que saben que están pasando un mal trago, también puede ser una oportunidad inesperada para un maltratador que conozca a alguien que casualmente atraviesa una crisis personal. (Ésta es otra razón por la que hay que tener mucho cuidado con los hombres a los que conozcas cuando estés en proceso de separación de un maltratador: en ese momento, serás la candidata ideal a liarte con otro.)

las candidatas potenciales antes de encontrar a una mujer con la que estar. Moldear a una mujer fuerte e independiente, de entrada requiere mucho tiempo, esfuerzo y habilidad. No obstante, hay algunas cosas que puedes buscar para que la tarea sea más fácil:

- **Soledad:** Ya lo mencionamos en la categoría previa porque es muy importante. Incluso mujeres que se consideran feministas o modernas pueden moldearse si están solas o necesitan un hombre. Tu capacidad para trabajar en este área aumenta si mejoras tus habilidades sexuales. Ser muy atento sexualmente con una mujer que está sola seguramente te abrirá la puerta de su reino. Hará todo lo que le digas para que vuelvas con ella.
- **Excesivo afán de independencia:** Si lo tiene que hacer todo ella, a veces puedes meterte en su vida ayudándola en áreas en las que nadie más la ayude. No dejes que te engañen las apariencias. La mayoría de las mujeres

- **Madre soltera:** Si ya cuesta lo suyo ser una mujer independiente, multiplícalo en el caso de las madres solteras. Al tremendo esfuerzo de llevar la casa hay que sumarle el sentimiento de culpabilidad por el hecho de que los niños no tengan un padre que viva con ellos. Los maltratadores lo saben y a menudo intentarán ganarse enseguida a tus hijos.

Si las mujeres no tienen cuidado, no existe ninguna defensa eficaz para todos los tipos de maltratadores. Para protegerse de ellos hay que conocer sus tácticas *y además* aplicar con regularidad medidas protectoras, entre las cuales se incluyen éstas, para la fase inicial de la relación:

- **Hazte a la idea** de que no eres tan lista como para no caer en la trampa. Estate siempre atenta.
- **No creas** que todo lo que dice tu hombre es verdad. Los maltratadores saben mentir muy bien (descaradamente o por omisión) para conseguir lo que quieren.
- **Presta atención** a *cómo* te abordan. Un hombre que se te acerca a pesar de que le demuestras que no te interesa será problemático. No te dejes atosigar para salir con nadie.
- **Comprueba** si existen discrepancias entre lo que dice y lo que hace. He perdido la cuenta de los maltratadores que se autocalifican de «feministas» y «sensibles». Confían que las mujeres no se den cuenta de la discrepancia.

«independientes» buscan a un hombre masculino que cuide de ellas. Ofrecer ayuda hará que incluso estas chicas duras te abran la puerta.

- **Orgullo/cabezonería:** Es un rasgo más difícil de descubrir, pero que vale la pena buscar. Las mujeres que se sienten orgullosas de sí mismas creen que son demasiado listas como para que se las manipule y no suelen admitir, ni siquiera a sí mismas, que han sido influenciadas. Una vez que tengas el pie dentro, preferirán continuar con la relación en vez de reconocer que eres *tú* quien toma las decisiones. No se darán cuenta de que las has educado e incluso pueden llegar a pensar que todo ha sido idea suya (da risa, pero es así).
- **Crisis emocional:** Las mujeres modernas e independientes que pasan por una crisis personal están temporalmente abiertas a ser moldeadas y manipuladas. Bajan la guardia y buscan alguien que les sirva de apoyo. Una crisis puede ser desde perder el empleo hasta el divorcio, pasando por

- **Reconoce que tu juicio** te puede fallar cuando estás atravesando una crisis y no te comprometas ni tomes decisiones a largo plazo con un hombre que hayas conocido durante una etapa así. En el mejor de los casos, será alguien que no te interesará cuando tu vida vuelva a su cauce normal. En el peor de los casos, podría ser un maltratador. Espera a que tus emociones se hayan sosegado.
- **No te fíes** de ningún hombre que intente llegar a ti a través de tus hijos. Los maltratadores no utilizarían este truco si no fuese tan eficaz. Si es un hombre sincero y respetuoso no intentará vincularse a tus hijos sin que le hayas dado permiso y hasta que te conozca mejor.
- *¡No creas nunca que todo lo que dice un hombre es cierto!* Sólo porque un hombre atractivo te diga algo de un modo convincente no te lo tienes que tomar como un hecho cierto. Los maltratadores saben manipular muy bien a las mujeres a través de sus mentiras. Mienten sobre su familia, su educación, su experiencia y las razones por las que actúan tal y como lo hacen. Desconfía hasta que haya pasado el tiempo necesario para que puedas ver dónde te estás metiendo.

Sea cual sea la extracción de una mujer o sus circunstancias, casi todos los tipos de maltratadores utilizan tácticas específicas en la fase inicial del noviazgo. Dos de las tácticas clave que emplearán en este punto serán *centrarse en el blanco* y darle a todo la

la muerte de un familiar. Hay que estar atento para encontrar a este tipo de mujeres.

- **Buenas migas con los hijos**: Las mujeres independientes con hijos a veces se sienten agotadas y necesitan un hombre que les ayude con los pequeños. Si eres capaz de hacerte con la confianza de sus hijos, ellas te aguantarán muchas cosas que de otro modo no tolerarían.

Si decides aceptar el reto, tendrás que estar muy atento y ser muy convincente. Estas mujeres suelen ser listas y están alerta ante cualquier hombre que quiera manipularlas. Hay otras mujeres que son más fáciles. Sin embargo, transformar a una «mujer moderna» en una «mujercita» puede ser extremadamente satisfactorio y merecer el esfuerzo adicional.

Sea cual sea el tipo de mujer que elijas, asegúrate de que está buscando una *relación estable* con un hombre. Si sólo busca algo

máxima *intensidad*. Las dos están diseñadas para manipularte sin que te des cuenta.

Centrarse en el blanco: Muchos maltratadores, una vez que se hayan acercado a ti, centrarán su atención en ti como un láser. Te sentirás halagada, como si fueras el centro del universo. Él escuchará cada palabra que le digas, mirándote fijamente a los ojos, como si todo fuese trascendental y memorable.

Esos tipos no mienten. Es cierto. La información que les proporcionas *es trascendental* para ellos y van a memorizarla: les estás facilitando los datos esenciales que necesitarán para poderte manipular. Observarán cómo hablas, qué es lo que te emociona, lo que dices que te encanta y lo que dices detestar. Quieren que sientas su apoyo para que continúes revelándoles datos íntimos sobre ti misma. Utilizan esta información para reforzar sus promesas de recompensas y castigos. Cuanto más puedan relacionar tus deseos con las recompensas que te prometan y más consigan remover tus temores más arraigados con sus castigos, mayor será el poder que consigan y mantengan.

A lo largo de tu relación con un maltratador, éste conseguirá hacerte sonreír y que tu corazón salte de alegría, pero también sabrá cómo hacer que se te encoja el estómago y sudes de miedo. El instrumento para lograr ambas cosas se lo diste tú misma, en la fase inicial de la relación.

informal o parece reacia al compromiso no valdrá la pena que le dediques mucho esfuerzo. Pasa a la siguiente.

Cuando ya hayas hecho la selección, *haz que la experiencia sea intensa.* Habla con ella e intenta verla con la máxima frecuencia posible, cada día si puedes. Siempre que hables con ella utiliza toda tu persuasión para evitar que te cuelgue o se vaya a casa. Cada interacción debería durar lo máximo posible (como si se tratase de una maratón). Haz que ella se fije sólo en ti y enseguida serás el centro del universo.

Escúchala y préstale atención en vez de hablar. Saca a colación temas que la apasionen y pide que te hable de ellos. Haz que siga hablando mostrándole de vez en cuando que compartes sus sentimientos y que estás de acuerdo con ella. Anímala a contártelo todo y a que te abra su corazón. Dale siempre la razón y manifiéstale tu apoyo sobre todo cuanto le haya ocurrido o las opiniones que sostenga (más tarde ya la irás corrigiendo). Deja que se exprese hasta que se agote.

Intensidad: Algunos maltratadores son demasiado egoístas como para prestarle atención a la mujer durante las primeras fases del cortejo (sobre todo los que intentan dominar a la pareja aprovechándose de la tradición o de su superioridad frente a la mujer). Sin embargo, lo que no suele variar es *la intensidad y el ritmo acelerado* que adopta la relación, incluso con estos hombres.

Para la mayoría de los maltratadores, el noviazgo es extremadamente incómodo. Muchos sienten una necesidad psicológica de certeza, a la que hay que añadir un profundo temor a que los abandonen. La combinación de ambos ingredientes es lo que hace que opten por relaciones muy intensas. Se sienten ansiosos porque te comprometas y puedan tenerte controlada lo antes posible. Al ponerse en contacto contigo a menudo y asegurarse de que el contacto dura lo máximo, el maltratador no te da tiempo suficiente para reflexionar sobre lo que está ocurriendo. Si te ocurre a ti, estarás cansada y no pensarás con claridad. Aun así, él intentará evitar que le cuelgues el teléfono o te marches a casa. Lo conseguirá halagándote, haciéndote reír o contándote algo emocionante. También es posible que te presione para que te quedes más tiempo con él. El resultado es que tú te quedas y el contacto se mantiene.

Sobre todo al principio, puede dejarte hablar y hablar hasta que ya no tengas nada más que contarle. Sabe que lo importante no es lo que le cuentas, sino que sigas hablando y permanezcas con él. Aunque esta estrategia tiene su origen en sus tendencias

Asegúrate de estar siempre disponible para ella. En esta fase es de primordial importancia que actúes de inmediato si ella se intenta poner en contacto contigo. Sin caer en excesos (no más de tres contactos por día), deja que vea que ella es tu máxima prioridad. Cuando empiece a sentirse segura a tu lado, continúa con su educación.

compulsivas, sigue siendo efectiva, ya que tú cada vez compartes más experiencias con él y él influye cada vez más en ti. Siempre que quieras hacer algo y él consiga que lo hagas *tal y como a él le gusta,* estará consiguiendo más influencia. Puede que a ti te parezca una cosa insignificante, pero *no es cierto.* Será la piedra angular de su tremendo poder.

Algunos maltratadores no se molestan en dejarte hablar todo el rato. Pero aunque hablen mucho de sí mismos, seguro que encuentran la ocasión para hacerte alguna pregunta muy personal y pedirte que seas muy sincera. Esta conducta es muy normal cuando el maltratador considera que ya posee suficientes ventajas frente a ti, de modo que cree que le vas a querer de todos modos, aunque no se esfuerce nada en la relación. Su poder se basa en que hagas todo cuanto te pida, cada vez que te lo pida, sin que dudes o plantees desacuerdo alguno.

Si el maltratador, sea del tipo que sea, advierte reticencias o miedo por tu parte, te tranquilizará para que el proceso siga adelante. Tú pensarás que todo saldrá bien porque se nota que está interesado en ti de veras. Te sentirás demasiado abrumada como para preguntarte por qué quiere que todo vaya tan rápido y sea tan intenso. *Él te dirá que se debe a su naturaleza apasionada, pero no debes creerle: es su forma de educarte.* Te está manipulando psicológicamente para que te sometas a su control emocional y a los malos tratos que pronto empezarán.

2

PRUEBAS Y EVALUACIÓN CONTINUAS

En el último capítulo hemos tratado la importancia de la *intensidad*. Constituye una parte crítica del proceso de educación. Hay que ser atento y centrarse en la pareja. Toda interacción entre ambos debería durar el máximo tiempo posible. Utiliza tu capacidad de convicción para evitar que ella interrumpa el contacto. Si quiere colgarte el teléfono o irse a casa, empieza a hablar de algo que le interese para que continúe hablando. Puede que se encuentre cansada, pero recuerda que la *fatiga forma parte de tus objetivos*. Es más fácil educar y moldear a la gente cuando está cansada, así que, cuanto más exhausta, mejor.

Presta atención también a todo cuanto

2

Manipulación controlada

Sería muy sencillo asumir que los maltratadores obtienen toda la información a partir de un ensayo de prueba y error (piensan qué podría salirles bien y lo hacen). Es cierto, pero te sorprendería saber cuánto tiempo y energía dedican los maltratadores a elaborar su plan. Muchos a los que he entrevistado y he tratado habían leído multitud de libros de autoayuda que les indicaban cómo ser más efectivos a la hora de conseguir lo que se proponían. Empezando por obras como *Cómo ganar amigos e influir sobre las personas*[3] y continuando con obras más actuales sobre liderazgo, influencia, persuasión, coacción y convicción mediante el hipnotismo. ¡Algunos incluso encuentran consejos en obras sobre relaciones abusivas! En todas las parcelas de su vida estos hombres quieren saber cómo conseguir lo que desean sin tener que transigir.

Parte de lo que aprenden es el poder que tiene la concentración y el cansancio. Por eso, tu vínculo afectivo con él crece después de una conversación telefónica de seis horas o de que hayáis estado charlando hasta las cuatro de la madrugada. Pasar

diga. Si bien la intensidad tiene mucha fuerza e importancia, también la tiene la información que te revela.

MANIOBRA SUTIL N° 1:
DETENTE, OBSERVA Y ESCUCHA

Tu capacidad de convencer y moldear a una mujer se basa en tu habilidad para entender su pensamiento y sentimientos. Tu objetivo es averiguar qué *anhela,* qué *teme* y qué *valora.* Tienes que sonsacarle la máxima información en estas áreas y *recordarla.* No basta con fingir que le prestas atención durante los primeros días de la relación.

Por suerte, la mayoría de las mujeres revela información valiosa que podrá ayudarte. Gran parte de los anhelos, temores y valores de las mujeres incluyen estos aspectos:

largos periodos de tiempo sin interrupciones con alguien, sobre todo cuando le estás hablando o escuchando, puede acentuar la sensación de cercanía. Uno empieza a sentir que conoce a esa persona de toda la vida y se siente muy vinculado a ella. Sin embargo, sigue siendo prácticamente un desconocido. Lo que sientes es una intimidad *ilusoria*. El maltratador utiliza esos sentimientos para empezar a establecer su control.

Hará todo lo posible para saber cómo te sientes contigo misma. Seguramente no es algo complicado, sobre todo si no intentas hacerte la interesante. Siempre te han dicho que hay ciertos aspectos que hacen que se te valore más como mujer. Si eres como la mayoría de las mujeres:

Querrás	Temerás	Valorarás:
ser guapa	no ser atractiva	sentirte guapa
ser adorada	no ser adorable	sentirte especial
sentirte segura	ser vulnerable	sentirte protegida
tener recursos	ser inadecuada	sentirte apta
sentirte importante	ser insignificante	sentirte excepcional
ser madre	ser madre soltera	sentir que eres una buena madre

El maltratador inteligente no se conforma con la lista general de inseguridades compartidas por la mayoría de las mujeres. Eso no le proporciona suficiente información como para mantenerte a su lado. Así que utiliza el modelo general muy al principio, basándose en lo que le ha funcionado en el pasado y en sus

Quiere:	Teme:	Valora:
ser guapa	no ser atractiva	sentirse guapa
ser adorada	no ser adorable	sentirse especial
sentirse segura	ser vulnerable	sentirse protegida
tener recursos	ser inadecuada	sentirse apta
sentirse importante	ser insignificante	sentirse excepcional
ser madre	ser madre soltera	sentir que es una buena madre

Así tendrás ya una idea bastante global de lo que anhela, teme y valora. Tu éxito futuro dependerá de tu capacidad para conseguir una información más detallada y *concreta* sobre la mujer que te gusta. Tienes que saber qué piensa y qué siente al respecto. Sobre todo, presta atención a estas áreas:

• Lo que quiere de la vida, sobre todo en el ámbito de las relaciones con los hombres. ¿Quiere que la

creencias sobre las mujeres. Te dará lo que cree que quieres y te dirá lo que cree que quieres oír.

Ahí no termina la cosa. Los maltratadores manipuladores saben algo que los terapeutas descubrieron ya con Sigmund Freud: cuando alguien comparte información sobre uno mismo (sobre todo si se trata de esperanzas, sueños, temores y una profunda sensación de vergüenza o culpabilidad), está estableciendo un fuerte vínculo. Ésta es otra razón por la que el maltratador querrá que te abras a él. Si le cuentas cosas íntimas te sentirás más cercana a él, incluso si se ha limitado a sentarse y escucharte.

También te preguntará o te contará cosas suyas y observará tu reacción. Querrá saberlo todo. ¿En qué crees y hasta qué punto? ¿Qué es lo que te ilusiona y cuándo se te ilumina la cara? ¿Qué te hace llorar? ¿Qué sueños de futuro contemplas? Ésa es la información que busca porque así te conocerá *muy bien*.

Sería bonito si el interés que mostrase se debiese únicamente al enamoramiento. *No es así*. Quiere controlarte gracias a la manipulación. Empezará a manipularte desde la primera cita basándose en lo que deduce de ti. Si cree que quieres ser guapa, te dirá continuamente lo mucho que le impresiona tu aspecto. Si cree que quieres ser lista, elogiará tu inteligencia. Te dirá una y otra vez lo maravillosa que eres. Si te abres y le das información personal sobre ti, aún te manipulará con mayor facilidad porque sabrá con exactitud lo que quieres oír. Todo su poder se lo habrás otorgado tú al confiar plenamente en un desconocido.

rescaten? ¿Prefiere a un hombre al
que cree que puede salvar? ¿Cree que
quiere una pareja que sea su igual?

- Los errores que ha cometido a lo
largo de su vida. ¿De qué se siente
culpable o por qué tiene
remordimientos? Las relaciones
anteriores son un buen lugar para
empezar a indagar, al igual que la
adolescencia o el momento en que se
marchó a vivir por su cuenta.

- Áreas de su cuerpo, mente o
experiencia en las que se siente
insegura: su aspecto, su
inteligencia, su clase social, su
sexualidad, su don de gentes, su
familia, etc. ¿Qué parece
preocuparle más? ¿Se avergüenza a
menudo de algo?

- Sus ideales, metas y sueños. ¿Qué es
lo que desea tanto como para
arriesgarlo todo por conseguirlo?
¿Qué es lo que siempre ha deseado y
teme no lograr?

- ¿Qué es lo que más teme? ¿Hacerse
vieja? ¿Quedarse sola? ¿Ser pobre o

Intentará imitar tus palabras y opiniones y utilizarlas para describir sus propias experiencias (se llama «especularización»). Así, tú sentirás que los dos estáis en sincronía total. También intentará recordar todo cuanto digas y cómo lo digas. Eso le será muy útil cuando empiece a obligarte a hacer cosas que te incomodan. Citará tus propias palabras si te resistes a hacer algo que él desea. Por lo tanto, te sentirás mal y pensarás que has sido deshonesta si te niegas, tal como él planeaba.

Los maltratadores saben que muchas mujeres se sienten halagadas cuando un hombre les presta mucha atención. Saben que lo interpretarán como una señal de afecto y no se preguntarán siquiera por qué un hombre quiere conocer tantos detalles sobre ellas. Así que, pese a correr el riesgo de repetirme, aquí van unos cuantos consejos para cuando empieces a salir con un hombre:

- No tienes por qué ser una mujer de hielo ni una déspota por **andarte con mucho ojo.** Incluso si te da la impresión de que has conectado con un chico, ten en cuenta que los hombres malos existen. No des por sentado que un hombre es bueno porque te lo diga él o porque sea físicamente atractivo, sea culto, tenga dinero o sea amigo de un amigo.
- *Limita el tiempo de interacción* cuando empieces a salir con alguien. Las conversaciones telefónicas no deberían durar más de una hora y nada de quedar con él a las cinco de la tarde y estar hasta las tres de la madrugada juntos. Si

no tener casa? ¿No tener hijos?
¿Tener que criarlos sola como madre
soltera?

• ¿Le han hecho daño alguna vez?
¿Quién? ¿Cómo? ¿Qué ocurrió? ¿Sigue
estando esa persona presente en su
vida o se trata de alguien del
pasado?

Puedes recopilar esta información de
dos modos: haciéndole muchas preguntas u
observando sus reacciones. Escúchala
atentamente cuando hable e intenta
recordar todo lo que te cuente. Al mismo
tiempo, observa *cómo* lo dice. Busca temas
que enciendan sus emociones.

La atención que le prestes te distinguirá
del resto de los hombres que conoce. Así, le
resultarás más atractivo, independientemente
de tu apariencia, profesión o cuenta
bancaria. La mayoría de los hombres cometen
el error de hablar demasiado, y sólo de sí
mismos. Tú tienes que ser mucho más listo e
indagar sobre *ella*. De entrada, no hables
demasiado de ti, aparte de los datos
necesarios y de mostrarle tu apoyo.

es sincero te valorará más si ve que tienes tu propia vida. En cambio, si es un maltratador, utilizará todos los métodos de convicción que se le ocurran para evitar que cuelgues o te vayas a tu casa.

- *¡Deja de contar todas tus intimidades!* Ni se te ocurra empezar a contarle tus intimidades a un extraño a menos que tenga un diploma colgado en la pared, haya firmado un acuerdo de confidencialidad y haya fijado unos honorarios por hora. Habla si te apetece, pero no le cuentes tus experiencias sexuales, lo que no te gusta de tu cuerpo ni los momentos en los que has pasado más vergüenza.

- *Coge toda la información con pinzas.* Los maltratadores saben mentir muy bien. Que no se te olvide. Sólo porque un hombre te cuente algo no des por sentado que es cierto. Los maltratadores basan sus halagos en lo que creen que quieres oír.

- *No te dejes embaucar por un futuro de cuento de hadas.* ¿Te está intentando vender un futuro fantástico junto a él cuando de hecho hace muy poco tiempo que le conoces? ¿Te dice constantemente que los problemas que has tenido en el pasado no te volverán a ocurrir si estás con él?

- *Presta atención a cómo habla de las mujeres.* ¿Habla mal de las mujeres de su pasado y te explica lo mal que se portaron con él? ¿Odia a su madre o tuvo que rescatarla de un padre maltratador? Muchos maltratadores sienten una

¡Recuerda *todo* lo que diga y *cómo* lo diga! Fíjate e intenta memorizar cada interacción. Pronto tendrás que recordar detalles concretos, así que cuanto mejor lo memorices todo, más fácil te resultará. Cuando ya te haya contado todas sus esperanzas, temores, sueños y experiencias, haz todo lo posible para convencerla de que los dos juntos, como pareja, curaréis las heridas abiertas del pasado. Hazle creer que el secreto para alcanzar todo lo que quiere y valora es mantener una relación contigo. Asegúrale que todo cuanto teme no ocurrirá si está contigo. Cuanto más se crea lo que le dices más fácil te será convencerla y más sencillo te resultará moldearla. Repítelo a menudo hasta que su resistencia se haya esfumado por completo.

MANIOBRA SUTIL N° 2: NO TE DEJES CALAR

Aunque ella ya te esté abriendo su corazón, hay ciertas frases que tienes que pronunciar para que baje la guardia por completo. La mayoría de las mujeres responden de forma

gran hostilidad hacia las mujeres y es perceptible cuando hablas con ellos (o cuando prestas atención a lo que dicen respecto a otras mujeres al empezar una relación con ellos). Debido a que el maltrato se suele transmitir de padres a hijos, los hombres que se han criado en familias con maltratadores presentan un alto riesgo de convertirse a su vez en maltratadores, aunque juren que nunca se comportarían así.

- Busca en las páginas siguientes los rasgos que comparten los maltratadores. Hay una lista de *frases que utilizan para que las mujeres bajen la guardia* y se entreguen plenamente. Si le oyes pronunciar alguna de estas frases, estate más alerta aún.

- *Presta atención a cómo responde ante una mujer atractiva.* ¿Te dice que eres preciosa pero sigue repasando con la vista a cualquier mujer que pase a vuestro lado? Fíjate en sus ojos. Si no puede evitar mirar de arriba abajo a otras mujeres mientras está contigo, quizá no sólo sea un maltratador, sino que además te será infiel a las primeras de cambio.

- *No te fíes de los elogios desmedidos.* ¿Te dice una y otra vez que eres maravillosa pese a que carece de la información necesaria? Muchos maltratadores enlazan un cumplido con otro sin darse tiempo para averiguar en qué destaca la mujer. Piensan que las mujeres buscan admiración de forma desesperada. No les des la razón.

positiva a las siguientes afirmaciones; sin embargo, tendrás que observar a tu pareja y comprobar qué frases parecen causarle mayor efecto y la acercan más a ti. La animarán a seguir abriéndose y a hacer cuanto le digas. También la convencerán para que no haga caso a sus propias intuiciones o a los comentarios de familiares o amigos que puedan hacer que se plantee quién eres o qué pretendes.

Estas afirmaciones no tienen por qué ser ciertas. Piensa que son una especie de mentiras piadosas. Lo importante es que ella se sienta bien consigo misma y que esté contenta con vuestra relación. Proponte pronunciar estas palabras con convicción y sinceridad:

- Jamás me había sentido así.
- Eres fascinante. Quiero saberlo todo sobre ti.
- Eres la persona más increíble que he conocido.
- Llevo esperándote toda mi vida.
- Creo que me estoy enamorando locamente de ti.

- *Estate atenta al consumo de drogas.* ¿Bebe mucho o parece que está demasiado eufórico cuando quedáis? ¿Cambia su conducta y está muy hostil cuando se emborracha? El consumo de drogas o los excesos alcohólicos durante las primeras citas seguramente indica un problema con el alcohol o las drogas (a menos que se trate de alguna celebración o una ocasión especial). La ira que manifiesta después de beber puede ser mucho más grave de lo que parece.

- *Escucha con atención lo que dice sobre los «hombres» en general.* Muchas veces los hombres ponen al descubierto sus defectos cuando hablan sobre los de su mismo sexo. Aunque se excuse diciendo: «pero yo no soy así», un hombre que sostenga que «todos los hombres son .... [rellena el espacio en blanco]», te está diciendo mucho sobre *sí mismo.* Al fin y al cabo, él también es un hombre. Sólo intenta excusarse para que no le rechaces *ipso facto.*

- *Presta atención a los comentarios que no te gustan* o te incomodan. No los olvides enseguida ni creas que todos tenemos defectos. Algunos comentarios pueden indicar que tienes ante ti a un maltratador. Los maltratadores sólo ejercen su «magia» si ignoras las señales de manipulación y te centras en las recompensas que te ofrecen. Hacer promesas es muy fácil, pero no hay garantía de que las pueda mantener.

- *Ten cuidado si un hombre te da órdenes o te critica* enseguida. Los maltratadores te pondrán a prueba de inmedia-

- Si estuvieses a mi lado te concedería todos los caprichos.
- Ni siquiera me fijo en si hay otras mujeres en la sala.
- Me encantaría cuidarte para que no tuvieses que volver a preocuparte de nada.
- Nunca te haré llorar, a menos que sea de felicidad.
- Estarías guapísima vestida de novia.
- Incluso puedo imaginarme cómo serán nuestros hijos.
- Nunca me he sincerado tanto con nadie.
- Te he contado secretos que no le he contado a nadie más.
- Confío en ti y quiero que sepas que tú también puedes confiar en mí.
- Estoy buscando una relación para toda la vida.
- Me da igual que llevemos poco tiempo saliendo: sé que eres lo que busco. Hagámoslo oficial.
- Eres lo más importante de mi vida.
- Ya no me preocupo por mí. Sólo me importas tú.

to, nada más iniciar la relación, para ver si estás dispuesta a que te eduquen. Incluso una sugerencia bien intencionada sólo debe ofrecerse cuando tú la hayas pedido (muchos maltratadores afirman que sólo intentaban ayudar o hacer una sugerencia). Ya no eres una niña, así que no permitas que te traten como si lo fueras.

- *Observa si se enfada con facilidad.* ¿Se queja mucho sobre su ex, su jefe, sus vecinos? Muchos maltratadores se enfadan enseguida y emiten juicios precipitados sobre los demás. No pueden evitarlo. Tampoco pueden evitar ser tajantes a la hora de manifestar su opinión sobre los hechos. Son muy categóricos en sus opiniones y se enfadan si otra persona tiene un punto de vista distinto.

- *Escucha para ver a quién hace responsable de su vida.* ¿Culpa siempre de todo a los demás? Si admite un error, ¿lo minimiza como si no fuese algo grave, aunque las consecuencias hayan sido funestas para un tercero? Son características que comparten los maltratadores, que sin duda son narcisistas y buscan culpables externos, lo que se llama «*locus* de control».[4] No aceptan la responsabilidad de sus propias acciones y culpan a fuerzas externas de lo que les ocurre.

- *No permitas que diga que eres su «novia» cuando sólo habéis salido un par de veces.* ¿Te ha invitado a ir de vacaciones antes de salir durante un mes? ¿Te ha propuesto ya matrimonio o lo ha sacado a relucir en alguna conversación?

- Haría lo que fuese para hacerte
  feliz.
- Mi vida empezó el día en que nos
  conocimos.

Algunas de estas frases pueden parecer
muy cursis, pero funcionan. A las mujeres
les encanta sentirse especiales. Es algo
que anhelan tanto que se lo creen en
cuanto alguien les dice estas cosas,
aunque en el fondo sepan que no es
cierto. Cuando se sientan a gusto, te
contarán todo lo que quieras saber.

Incluso puedes contarle alguna cosa
sobre ti para animarla a que se abra más.
Si has tenido una infancia difícil, se lo
puedes contar, ya que la compasión hará
que se sienta aún más cerca de ti. Los
instintos maternales propios de su
naturaleza se pondrán en marcha y querrá
curarte las heridas.

La diferencia entre vosotros residirá
en que ella creerá que el motivo de tu
declaración es un deseo de intimar más.
Puede que sea así, pero nunca deberás
olvidar que todo forma parte de su

Los maltratadores quieren ir lo más rápido posible. Quieren conquistarte cuanto antes para no tener que parecer tan majos y tener que esforzarse tanto. Así pueden volver a la normalidad, es decir, a la ira y al control.

Presta atención a tus propias reacciones durante los primeros días del cortejo. Una de las motivaciones más fuertes que tiene un maltratador para comportarse así es lograr que ignores tus propios instintos. Si tú te comportas de determinada manera, se lo pones aún más fácil. Para protegerte:

- *No cierres los ojos ante lo que te haga sentir incómoda y no pienses en darle «otra oportunidad».* Hay muchos hombres en el mundo y no hay ninguna razón para salir con alguien con quien no te sientes cómoda.
- *No esperes demasiado antes de actuar.* Los maltratadores recurren al poder de la manipulación psicológica, así que, cuanto más tiempo estés con él, más insegura te sentirás y más difícil te será escapar. Estate muy alerta desde el principio. En cuanto veas indicaciones de que podría tratarse de un maltratador, ahórrate lágrimas y pon pies en polvorosa.
- *No pongas excusas* para ignorar las señales de alerta diciéndote a ti misma (y a los demás): «¡Soy buena persona!» Ser buena no significa ser ingenua y exponer tus vulnerabilidades ante alguien que puede hacerte daño.

educación. Cuanto más cosas revele sobre
sí misma, sobre todo lo que le resulte
doloroso o humillante, mayor poder te
estará entregando. Su confianza en ti es
vital si quieres dominarla y mantener tu
autoridad.

- *No continúes saliendo con alguien porque te da pena.* («Ha tenido una vida muy dura.») Si te da pena la gente con problemas, ofrécete voluntaria en alguna ONG en tu tiempo libre, pero no pongas en juego tu vida.
- *No te centres sólo en las cosas buenas* (las promesas, los buenos momentos, las «recompensas») e ignores la gravedad de las señales de peligro. El control excesivo, la ira, la negatividad y otros muchos indicadores son igual de importantes. Son literalmente un asunto de vida o muerte para ti y para tus hijos. Recuerda siempre que *todo* cuenta.
- *No le hagas caso si afirma que tienes que justificarte* si quieres poner fin a la relación. Él no tiene que creerte ni estar de acuerdo con tus razones. Tus propios sentimientos bastan. Algunos hombres piden explicaciones para que te impliques y también con la esperanza de que recapacites y vuelvas a sus brazos.

Tienes que saber que tus instintos *no siempre* te avisarán cuando estés saliendo con un maltratador. No todo el mundo tiene la capacidad de detectar las señales de peligro. Por eso deberías utilizar la información que te proporciona este libro. Leer la obra y conocer la información que te da sobre los maltratadores, te resultará muy positivo. Sin embargo, no te servirá de nada si no lo pones en práctica cada vez que salgas con alguien.

3

PON LOS CIMIENTOS

Para poder seguir avanzando y formando a la mujer que has elegido, ella tendrá que aprender a aceptar tu autoridad. Esto implica que tiene que confiar en *tus* pensamientos, sentimientos e interpretaciones y preocuparse por ti más que *por sí misma*. Esta autoridad es crucial para mantener el dominio sobre ella.

En otros tiempos todo hubiese sido más sencillo. Sin embargo, hoy en día siguen existiendo sociedades tradicionales en las que se enseña que lo correcto es que los hombres estén al mando. En las sociedades modernas y occidentales este modelo social ya forma parte del pasado por culpa de los movimientos feministas y del apoyo que prestan los medios de comunicación a la igualdad de derechos. Por lo tanto, tendrás

3

Cómo teje su telaraña

Ya hemos hablado del modo en que los maltratadores te intentan llevar a su terreno desde el principio, moviéndose con gran rapidez, sin dejarte tiempo para la reflexión. Sin embargo, hay algo aún más importante que el ritmo: la forma en que te manipulan a su antojo. El maltratador tiene que imponerte su autoridad (su poder y su influencia) para establecer el tipo de relación que ansía.

Va afianzando su autoridad poco a poco, no de sopetón. Eso es precisamente lo que da más miedo sobre su estrategia y la razón por la que muchas mujeres no lo ven venir. Desde el primer encuentro irá manejándote como a una pieza de ajedrez, moviéndote de una casilla a otra, hasta que te veas en una posición en la que nunca pensaste encontrarte. Si no te proteges, empezarás a creerte todo lo que te dice, sin ponerlo en tela de juicio. Comenzarás a utilizar *sus* razones para explicar sus acciones y planear vuestro futuro. No confiarás en ti misma cuando tengas que tomar una decisión y se lo consultarás todo antes a él. Un buen día te despertarás y pensarás: «Pero ¿cómo he ido a parar aquí?»

que continuar poniendo en práctica maniobras sutiles para recuperar tu lugar natural en la relación. Para ello puedes:

- Reafirmar tu autoridad desde el principio para poner a prueba su respuesta. Ten en cuenta que tú eres el que lleva los pantalones en la relación y así tienes que actuar. Has de decidir por los dos y tener claro los pasos que daréis en el futuro. Si ella sugiere hacer algo algún día, con firmeza y educación deberás sugerirle otra cosa. Cuando quedes con ella, asegúrate de que tú eres quien decide dónde os vais a sentar cada uno. Así le estarás transmitiendo que eres quien domina la situación. *Nota:* algunas mujeres se ponen nerviosas si quedan con un hombre al que no conocen. No pasa nada. Si quiere traer también a una amiga, no te opongas y sobre todo no muestres nerviosismo. Sólo tienes que asegurarte de que vais al lugar que tú eliges.
- Siempre que sea posible, llévala a lugares donde la gente te conozca y te

El número de pasos que se vea obligado a dar el maltratador para establecer su dominio se basará en su necesidad de control. Otro aspecto es tu aquiescencia y la facilidad con la que cedas a sus deseos. Durante las primeras citas, te hará propuestas, comentarios y tomará decisiones que os afectarán a los dos y después calibrará tus reacciones. ¿Te sientes tensa si te pide que os cambiéis a otra mesa en un restaurante? ¿Te sienta mal que sea él quien pida el vino sin consultarte? ¿Le dejas que pida por ti y sonríes, o te encrespa? Él te estará observando para ver hasta dónde le permites actuar sin rechistar.

Intentará ser simpático, pero a la vez dejará claro que él es el que lleva los pantalones en la relación. Si le propones un restaurante, seguramente te sugerirá otro. Intentará decidir dónde os sentáis en el local e incluso decidirá a qué hora quedáis y después la cambiará en el último minuto. No se sentirá cómodo a menos que sea él quien tome las decisiones. Desde el principio querrá dejar claro quién tiene la sartén por el mango y se asegurará de que se lo permitas.

Quizá le sigas el juego por educación, pero hay que tener cuidado y no ceder en este ámbito. El maltratador sabe que cada vez que le dejas que se salga con la suya te estás rindiendo por completo a su autoridad. Si sigues saliendo con un maltratador, esta pauta de conducta se convertirá pronto en un hábito. Entonces podrá dar pasos más importantes y moverse con mayor rapidez. Quizá ni siquiera te des cuenta del control que

respete. Así verá que eres un hombre que no pasa desapercibido.

- Llévala a los mejores lugares que puedas permitirte. Tu objetivo será impresionarla. Ahora bien, recuerda que la atención es más importante que el dinero. Préstale mucha atención. No permitas que se te vayan los ojos detrás de esa camarera tan sexy ni de la tía buena que hay sentada en la mesa de al lado. Tienes que lograr que se sienta especial si quieres que reconozca tu autoridad y se someta al proceso de educación que le tienes preparado.

- Muéstrale tu protección masculina. Si no le gusta la comida que le han servido en el restaurante, llama inmediatamente al camarero y pide otra cosa. Si alguien se muestra descortés con ella, resuelve la situación. No seas violento con nadie, pero asegúrate de que se siente protegida cuando está contigo.

- Cuando ella te cuente cosas, asegúrate de contarle tú todo lo que se te da

le has cedido hasta que ya estés metida hasta el cuello en una relación abusiva.

Si sales con un maltratador, se esforzará al máximo por aumentar el poder que ejerce sobre ti. Además de decidir dónde cenaréis en las primeras citas, un maltratador inteligente también hará lo siguiente:

- Te llevará a sus locales favoritos. Conocerás a mucha gente que le conoce. Si es una persona solitaria, entonces quizá prefiera llevarte a algún lugar que sabe que no te puedes permitir y gastarse un dineral para garantizar un buen servicio. En cualquier caso, intentará impresionarte con su importancia o popularidad.

- Además de decirte lo mucho que mejorará tu vida con él, será muy protector y solícito con tus necesidades. No dudará en enfrentarse a alguien que te haya hecho un desaire para resaltar ante ti su masculinidad y su instinto protector.

- Los maltratadores son conscientes del poder del dinero. Siempre que pueda intentará que dependas de él económicamente (y que estés en deuda con él también emocionalmente). Si no tiene dinero, te hará favores. En cualquier caso, es consciente de que cuanto más haga por ti, más agradecida estarás y más difícil te será dejarle.

- Aparecerá también el control en las interacciones. Él será quien decida cuándo y dónde quedáis. Alargará las citas

bien. Si hay algunas áreas en las que tienes experiencia o formación, házselo saber desde el principio. *No seas modesto.* Tiene que saber que tienes algo que ofrecerle que los demás también admiran.

- Empieza a cuidar de ella. Si puedes permitírtelo, hazle regalos o paga siempre la cuenta. Si no tienes mucho dinero, haz algún apaño o arreglo en su casa para mejorar su comodidad (puede ser algo tan sencillo como tirar la basura). Deja que ella vea que su vida mejorará mucho si te incluye en ella.

- Asegúrate de ser tú quien decide cuándo terminan las conversaciones o las citas. Si ella quiere terminar antes de lo que a ti te gustaría, utiliza tu firmeza o tu sentido del humor para continuar. Desde el principio tienes que ser tú quien marque la pauta.

- Empieza a educarla para que te rinda cuentas de todo. Hazle muchas preguntas sobre todo lo que ha hecho durante el día, sobre la gente a la que ha visto y con la que ha hablado. Sé amable, pero

hasta que ya estés agotada, se pondrá en contacto contigo a horas inesperadas y te presionará para que le veas, cambiará la hora de los encuentros con frecuencia y hará todo lo posible para que bailes al son de su música.

• Los maltratadores también ponen a prueba a su pareja para ver hasta qué punto está dispuesta a contárselo todo. Incluso si lleváis poco tiempo saliendo, te hará muchas preguntas sobre las actividades que has hecho a lo largo del día y te preguntará a quién has visto. Es posible que no se muestre enfadado o inquisitivo. Puede hacer las preguntas de forma agradable y decirte que tiene interés por saber de tu vida. Lo que pretende de verdad es que te acostumbres a rendirle cuentas.

Recuerda que el maltratador no puede *controlarte* sin más, sino que para ello *tú tienes que cederle* el control. Y no tienes que hacerlo de golpe para que funcione. Si él exigiera hacerse con el control de inmediato, o esperase conseguirlo, seguramente se te dispararían las alarmas y puede que decidieras cortar con él *ipso facto*. Él es mucho más listo: te irá haciendo preguntas poco a poco para que le vayas cediendo *pequeñas parcelas* de control e información. Además, te irá dando explicaciones razonables de su interés.

Tal y como he mencionado con anterioridad, utilizará la idea que tienes de ti misma para obligarte a que le aportes información o le concedas la autoridad que ansía. Si durante

deja que se acostumbre a darte explicaciones.

Reflexiona sobre todo cuanto explicamos en el capítulo anterior en torno a los detalles. ¡Nunca nos cansaremos de decirlo! Tu autoridad en la relación depende de dos cosas: tu nivel de autoridad y tu capacidad para recordar todo cuanto ella diga y haga. Si crees que es necesario, apúntate a un curso para mejorar la memoria, pero, aunque no lo hagas, te sorprenderá lo mucho que puedes recordar al ser consciente de la importancia de la información y de cuánto tiempo vas a necesitarla (toda la vida). No te quedes nunca atrapado en el presente, ahorra energías para el futuro. Piensa que se trata de parte del precio que tienes que pagar por tu dominio y recuerda que hay muchos más privilegios que obligaciones cuando se es el que manda.

Nota: si ella parece incómoda o muestra desacuerdo ante algo que dices o haces, anímala a ver las cosas desde tu perspectiva. Después explica lo que has dicho o hecho de un modo que parezca

ejerciendo autoridad sobre ti (por ejemplo, pedir la cena por ti sin haberte preguntado lo que querías), no tienes por qué poner el grito en el cielo o marcharte hecha una furia. Puedes irte alejando de él paulatinamente y buscar cualquier otra señal de actitud controladora o conducta manipuladora. A menos que tenga una buena razón para actuar así (e incluso si te parece que la tiene, ándate con ojo) ahórrate años de sufrimientos y no vuelvas a salir con él.

Si es un maltratador, todas las promesas sobre vuestro futuro en común nunca se cumplirán, porque son meras herramientas para embaucarte y distraerte de sus graves defectos. Sí, puede que acabes manteniendo una relación seria con él e incluso puede que tengas esa boda de cuento de hadas con la que siempre soñaste, pero si es un maltratador acabarás pagando un alto precio emocional, psicológico e incluso físico el resto de tu vida.

Si te pones a la defensiva, utilizará alguna de esas cosas que despiertan tus emociones para salirse con la suya, sobre todo si decides dejar de verle. Tu reacción dependerá sólo de ti. Deja que te critique o te acuse injustamente. No le debes ningún tipo de explicación por tu conducta: te han inculcado lo contrario, y *él cuenta con ello,* pero no es cierto. *No tienes* por qué darle explicaciones y más explicaciones hasta encontrar una que él considere «aceptable» (si tu punto de vista no le parece válido, es *su* problema, no el tuyo). «Porque no me da la gana» es una razón perfectamente válida para no volver a quedar con él.

en ti. Dile que por eso vuestro futuro
juntos será tan increíble. Después
esfuérzate más por llevar a cabo las
maniobras sutiles que iremos indicando para
aumentar tu nivel de autoridad sobre ella.
Una mujer que acepta plenamente la autoridad
de un hombre no discute.

Presta mucha atención a las
instrucciones. Tu capacidad para conseguir
que cambie de opinión o ignore sus propios
sentimientos de incomodidad está
directamente relacionada con tu habilidad
para llevar a cabo las maniobras sutiles. Si
la has encandilado con promesas de futuro, y
has conseguido influir en ella y que dude de
sus propias opiniones, lo normal es que
ceda. No se dará cuenta de que con cada
cesión está aumentando tu autoridad sobre
ella.

Ser firme no equivale a ser mala persona, una zorra o cualquier otra palabrota con la que él vaya a insultarte. Los maltratadores confían en su capacidad para dañarte emocionalmente y manipularte. Si no dejas que la opinión que tiene sobre ti te afecte, no podrá manejarte a su gusto. Tenlo en cuenta, respira hondo y aléjate de él de una vez por todas.

4

REFUERZA TU AUTORIDAD

No podrás dirigir a tu mujer a menos que tengas una clara autoridad sobre ella. Tiene que aprender a aceptar tus pensamientos, sentimientos e impresiones sin cuestionarlos. Cuando ya la tengas bien educada, lo normal es que piense que todo cuanto haces es lo correcto y que tu opinión prevalezca sobre la suya. No es difícil reforzar la autoridad. Sin embargo, hay que empezar a actuar desde las primeras citas.

Un aspecto vital a la hora de reforzar la autoridad es el proceso de *tira y afloja:* por un lado tienes que resaltar todas las ventajas que posees sobre ella (haciendo hincapié en la diferencia), pero, por otro, tienes que prestarle mucha atención, satisfacer todas sus necesidades

4

Aparecen las cadenas

Quizá te muestras reticente a cortar con un chico sólo porque te parece muy mandón. Al fin y al cabo, nos han enseñado a creer que los hombres deben ser masculinos y tomar las riendas de la relación (cuanto mayor seas, más te lo creerás). Puede que necesites más información antes de colgarle el sambenito de maltratador. Este capítulo pretende mostrarte con más detalle el comportamiento de los maltratadores durante la fase inicial de noviazgo. Son cosas que hacen con el único fin de conseguir que la mujer con la que salen sea sumisa y esté insegura. Así podrás determinar si te han manipulado (o te están intentando manipular) y mostrarte más segura a la hora de tomar decisiones.

Una de las pautas de conducta más destacables que utilizan es el proceso de *tira y afloja*. Es muy sencillo y eficaz. Sólo requiere que el maltratador haga hincapié en todas las ventajas que tiene sobre ti a la vez que te dice lo maravillosa que eres. Por un lado, te estará alejando, intentando que te sientas inferior e indigna de él, pero, por el otro, te estará acercando, al hacerte sentir especial.

y hacerla sentir especial. Enseguida te
admirará y te adorará y no querrá hacer
por nada del mundo algo que tú no
consideres apropiado.

Otra forma de reforzar tu autoridad es
utilizar la información que te ha ido
proporcionando sobre sí misma para hacer
que se sienta incómoda. Oblígala a que
participe tanto física como mentalmente en
cosas que no haya hecho nunca o que te
haya dicho que no le salen bien (siempre y
cuando tú domines el terreno). Así se
sentirá incómoda e insegura. Recurrirá a
ti para que la orientes y la ayudes. De
este modo se reforzará la dinámica de
poder que generas con las demás maniobras
sutiles.

No promuevas la igualdad. No discutas
verbalmente ni muestres de palabra tu
reticencia, pero resístete a entrar en un
terreno en el que ella se sienta cómoda o
en situaciones en las que tenga mayor
experiencia o capacidad que tú. Lo
importante es reafirmar tu derecho a estar
al mando, no el suyo.

Desde luego, el maltratador inteligente conoce la importancia de este paso en la fase de dominio. Por consiguiente, no sólo resaltará sus ventajas, sino que a lo largo de la relación señalará y te recriminará cualquier error que cometas, cualquier deficiencia o desventaja que manifiestes en comparación con él. La distancia entre ambos parecerá cada vez mayor hasta que sea muy evidente. Te presionará para que salgas de tu zona de comodidad (y prescindas de tus habilidades) y experimentes el dolor que provocan la incertidumbre y la torpeza. Sabe que la comprensión racional es algo bueno, pero la experiencia emocional es más duradera. Por eso quiere que sufras y lo veas como a tu salvador.

Su meta es hacerte sentir lo más insegura posible mientras mantiene una relación contigo. Cuando funcione su método hará que reclames su atención y hagas todo lo necesario para evitar que te sustituya por alguien mejor.

¿Cómo puedes saber que está intentando manipularte y no se está limitando a compartir su experiencia contigo (como tal vez afirme)? Una de las formas más sencillas de averiguarlo es si él está dispuesto a ir contigo a lugares en los que seas *tú* quien brille con luz propia. También hay otros posibles indicadores de que está empleando la técnica del tira y afloja. Pregúntate lo siguiente:

- ¿Te pone en circunstancias en las que no te queda más remedio que reconocer sus capacidades o logros? ¿Encuen-

MANIOBRAS SUTILES DE TIRA Y AFLOJA

Para continuar fomentando que se abra a ti y vaya reduciendo su resistencia poco a poco, es muy importante que alimentes su ego a medida que la vayas conociendo y que aproveches sus inseguridades para debilitar su resistencia y establecer tu autoridad.

Alimenta su ego. Dile lo fantástica que es y lo orgulloso que estás de ella. A todos nos gusta que nos admiren, pero en especial a las mujeres. Si la alabas, le gustarás y confiará en ti antes. Ahora bien, tienes que ser cauto y alabar sólo *determinados* rasgos. Por ejemplo, puedes decirle que tiene unos ojos preciosos, en vez de decirle que es guapa. Intenta resaltar también características que sabes que le gustaría tener pero de las que cree que carece. (¿Ves cómo es muy útil conocer datos?) Si por ejemplo ella cree que no es atractiva, dile lo guapa que te parece. Si cree que no es inteligente, dile que es muy lista. Intenta que estos halagos parezcan lo más sinceros posible.

tra *excusas* para no ir a lugares en los que seas *tú* la que so-
bresale o donde tu talento quede manifiesto?

- Si acudís a lugares o realizáis actividades en las que tus capacidades son el centro de atención (o mencionas algo
meritorio que has conseguido), ¿parece aburrido o poco
impresionado? ¿Encuentra algún modo de restar importancia a tus logros? ¿Te critica o te compara desfavorable-
mente con otra persona? ¿Te recomienda ser más modesta, aunque él diste mucho de serlo?

- ¿Te alaba en exceso en ocasiones? ¿Te dice una y otra vez
lo fantástica que eres y lo difícil que es encontrar a alguien
así, aunque tú sepas que no has hecho nada excepcional?

- ¿Te ha dicho que las demás mujeres que ha habido en su
vida siempre lo han defraudado? ¿Te ha contado con pe-
los y señales los desengaños que ha tenido?

- Si pertenece a un grupo más aventajado que el tuyo, ¿te
cuenta lo inaceptables que han sido las mujeres de su propio grupo?

- ¿Te dice que tendrás que superar el listón que él ha fijado
si quieres que te elija como pareja estable?

Los contrastes que presenta su conducta son lo que aporta
mayor ventaja psicológica al maltratador. Por un lado, te mi-
mará y te adulará, diciéndote lo fantástica que eres y lo mucho
que quiere protegerte, y, por el otro, te tratará como si fueses inferior y no merecieses su respeto. Por si la situación no fuera ya

Que sepa que forma parte de una minoría selecta. Dile que es muy difícil encontrar a alguien como ella. Indícale que no has sentido por nadie lo mismo que por ella. Dile lo distinta que es de las demás mujeres. A ser posible, saca a relucir antiguas novias o mujeres que sabes que te encuentran atractivo para hacerla sentir un poco insegura. Después dile que todas esas mujeres no están a su altura.

A medida que vayas invirtiendo más tiempo y esfuerzo en la relación tendrás que ir aumentando también tu ventaja. Haz todo lo posible para hacer hincapié en todos tus aspectos positivos de modo que ella acepte de buena gana tu dominio. Aquí tienes algunos consejos para que baje la guardia por completo:

• Aunque le digas que pertenece a un grupo selecto (escogido por ti), muéstrate menos convencido de que ella vaya a alcanzar la meta final: una relación estable contigo. Que sepa que todavía tiene que ganarse tu afecto.

confusa en sí misma, encima utilizará desde el principio un lenguaje inclusivo en plural hablando de «nosotros» en la conversación. Eso te hará sentir como si estuvieses en un cuento de hadas y te hubiese elegido tu príncipe azul, sobre todo teniendo en cuenta que parece ser consciente de tus defectos. Quizá no te des cuenta de que empiezas a perder la confianza en ti misma hasta que estés metida hasta el cuello en la relación.

La fase inicial de la relación es de vital importancia para el maltratador. Es el momento de jugárselo todo a cara o cruz. Si el maltratador es incapaz de conseguir que no te des cuenta de cómo te manipula, es muy posible que pienses que es una persona emocionalmente difícil y pongas pies en polvorosa. ¡No puede permitir que eso ocurra! Tiene que evitar que adviertas lo que trama o, como mínimo, que reacciones, aunque *te des* cuenta. Ahora, en vez de centrarte en sus defectos, tienes que centrarte en los tuyos. Tiene que mantener tu inestabilidad emocional y hacerte sentir insegura. No sólo tienes que sentirte inferior a él, sino que también te tienes que sentir inferior en comparación con otras mujeres. De no ser así, te sentirías muy incómoda al ver lo que está intentando hacer.

Te llevará a lugares en los que te sientas desplazada, te hará comentarios negativos para evitar que te adaptes al nuevo entorno y subrayará lo poco que encajas en él. Te comparará negativamente con otras mujeres, sobre todo con las que poseen cualidades que es imposible que puedas adquirir. Un día será espléndido y generoso y al siguiente se mostrará frío y distante.

- Empieza a utilizar la palabra
«nosotros» y a hablar en primera
persona del plural lo antes posible.
Deja que ella empiece a fantasear con
un futuro maravilloso y déjale claro
que, para alcanzarlo, tendrá que
mantener una relación formal contigo.
- Utiliza sus inseguridades para
debilitar su resistencia (serán
inseguridades sobre sí misma que te
habrá ido contando durante la
relación). Intenta averiguar cuáles
son sus puntos débiles y presta mucha
atención a su reacción cuando le hagas
preguntas o bromees acerca de esos
puntos. Si parece dolida, enfadada o
incómoda, entonces habrás dado en el
blanco. Lo único que tienes que hacer
es sacar a relucir alguna de estas
inseguridades en las peleas. Intenta
variar el repertorio y las situaciones
en las que lo emplees: en discusiones,
bromeando, cuando salgáis con amigos.
Al principio de la relación no
utilices mucho esta técnica, pero
después tendrás que ir aumentando la

Para que no explote la burbuja, a veces te hará promesas de futuro preciosas, que tú harás todo lo posible para que se lleguen a materializar.

El maltratador es un ilusionista que agita un pañuelo de lentejuelas en la mano de forma seductora de un lado a otro para que no te des cuenta del truco que está intentando realizar con la otra mano. *Distrae tu atención* de la actividad más importante que está ocurriendo para tenerte desconcertada. Sin embargo, este truco requiere mucha preparación para que funcione y que el público esté en el estado de ánimo idóneo para creer en una ilusión. En este caso el maltratador intentará captar tu atención en parcelas en las que tiene ventaja sobre ti. A continuación exagerará la distancia que hay entre estas áreas, haciéndote sentir menos capaz y válida de lo que eres. Entonces estarás lista para que él lleve a cabo sus trucos y te deje atónita.

Lo único que tienes que hacer para protegerte es prestar atención a lo que hace y que él no quiere que adviertas. No le permitas que te dé explicaciones sobre cosas que él haya hecho que te hayan herido o con las que te haya engañado. Presta atención a cómo te sientes con él. ¿Eres feliz o estás siempre en guardia?

¿Te sientes cómoda con él o tienes miedo de cometer errores? ¿Parece que haya ensayado una justificación para todo lo negativo que hace? ¿Se muestra frío contigo sin ningún tipo de explicación? ¿Hace algún comentario o centra la atención en tus errores, pero se disgusta muchísimo si le hablas de los su-

frecuencia y la intensidad de esta maniobra a medida que vaya creciendo su compromiso. Utilízala siempre que ponga en tela de juicio tu autoridad o siempre que quiera hacer algo que denote que está en una posición de igualdad.

- Muestra admiración por mujeres que sean distintas a ella, sobre todo mujeres con atributos sobre los que ella se sienta insegura o que crea que no tiene. Que vea que es prescindible.
- Llévala a sitios en los que no sea aceptada o en los que se la ignore mientras que tú eres bien acogido (aunque sólo sea en situaciones en las que esté tu familia).
- Ten en cuenta todos los errores que comete y coméntalos. Bromea al respecto después. Haz todo lo posible para que cada pequeño fallo se convierta en un arma de humillación. Enseguida empezará a pensar que tiene muchos defectos.
- *Haz que se sienta desconcertada.* Un día tienes que mostrarte sincero y

yos? ¿Observa con admiración a otras mujeres mientras está contigo y se asegura de que te des cuenta? ¿Te echa una bronca y después se disculpa esperando que le perdones sin más? ¿Se aferra a cualquier pequeño error que cometas para sacarlo a colación siempre que está enfadado?

Uno de los indicadores más claros de que una relación es negativa es la existencia de un *doble rasero*. ¿Dice o hace cosas que harían que montase en cólera si las hicieses tú? Repasa todo lo que él ha hecho que te haya dolido. ¿Cómo reaccionaría él si se lo hicieses tú? ¿Te perdonaría o creería que es motivo suficiente para cortar?

¿Qué pasa con las demás mujeres? ¿Mantiene una relación sana con sus ex? ¿Hay muchas? ¿Hay alguna con la que siga manteniendo el contacto y que parezca que sigue enamorada de él? ¿Quiere a su madre? ¿Recibe llamadas de mujeres y no te lo explica, mientras que tú le tienes que rendir cuentas de todos los hombres con los que hablas (incluido tu hermano y tu jefe)?

¿Hace comentarios sobre tu apariencia, tu cuerpo, tu educación o tu experiencia vital que te hagan quedar mal en relación con otras mujeres? ¿Bromea con aspectos que sabe que te molestan? ¿Hace cosas para ponerte en evidencia delante de otra gente?

La información de este libro te mostrará lo que está haciendo y sus razones. *Depende de ti que prestes atención* y que reconozcas la gravedad de las primeras señales. Incluso durante las

abierto, y, al siguiente, misterioso y
hermético. Que sea consciente de que
todavía no te ha conquistado.

Quizá no quieras emplear estas
maniobras, sobre todo cuando veas que le
haces daño. Sin embargo, tienes que tener
claro que no eres un desalmado que
pretende herirla, sino que la estás
preparando para el papel que tendrá que
desempeñar a lo largo de su vida. La
educación puede ser dura, pero al final
vale la pena. Tienes que ser constante y
aplicar las técnicas.

primeras citas te mostrará cómo es de verdad, pero tendrás que estar muy alerta y no restarle importancia (él también sabe que hay rasgos de su personalidad que son muy negativos, pese a que no lo reconozca). No confíes en un hombre ni te comprometas con él hasta estar segura de qué tipo de persona es. Se trata de la decisión más importante de tu vida.

5

REAFIRMA TU POSICIÓN

A medida que vayas recopilando toda la información posible y vayas reforzando tu autoridad, también deberás asentar tu posición. Para ello tendrás que consolidar la dinámica que has establecido con ella y tu posición de liderazgo.

RECOMPENSA Y CASTIGO

Nunca es demasiado pronto para empezar a recurrir a la técnica de recompensa y castigo. Siempre que se someta a tu autoridad al dejar de lado su propia opinión para darte la razón, siempre que haga lo que le dices, te perdone por algo negativo (cuando te pille) o siempre que actúe de un modo que a ti te parezca positivo, recompénsala con halagos, con

5

Se cierra la trampa

Si decides seguir adelante con la relación cuando el maltratador ya haya desplegado sus técnicas de manipulación, él intentará aumentar el esfuerzo para consolidar el poder que ejerce sobre ti. Eso no quiere decir que se vaya a sentar con un lápiz y un papel para planear cada paso que va a dar: sus problemas emocionales lo empujan a actuar así. Se sentirá muy incómodo contigo hasta que no te haya dominado por completo. Sus peores temores se desatarán si ve que estás desafiando su control. Eso le hará mucho daño y también despertará sus iras. Si sigue teniendo dudas sobre ti, intentará esconder su preocupación. Su necesidad de controlar su negatividad y su rabia desaparecerá cuando te tenga comiendo de su mano.

Recompensa y castigo

Para bien o para mal, ejercer una gran influencia en otra persona no es nada del otro jueves. Con el método de ensayo y error, todo el mundo puede dar con la fórmula básica para manipular

afecto y con conversaciones sobre vuestro
futuro juntos.

Cuando se resista o intente mantener
su punto de vista con firmeza, te tendrás
que mostrar emocionalmente distante,
resaltando sus defectos o inseguridades y
apartándote de ella o negándote a hacer
algo que quiera que hagas. Más tarde,
cuando la relación esté más consolidada,
la intensidad del castigo deberá ser
mayor. Aun así, ya desde el principio de
la relación tendrá que aprender que la
sumisión equivale a recompensa y que
desafiar tu autoridad equivale a castigo.
Tienes que ser coherente en tu
comportamiento, ya que, de otro modo, la
educación se verá debilitada. Hay que ser
firme para conseguir resultados
duraderos.

Ten en cuenta que es muy importante no
darle muchas recompensas desde el
principio, aunque se porte realmente bien y
sus acciones sean muy positivas. Incluso si
le ofreces el compromiso definitivo (la
boda) como incentivo, tienes que enseñarle
que las recompensas siempre dependerán de

a otra persona (o animal). Sólo se necesita ofrecer una recompensa siempre que se produzca la conducta deseada y un castigo cuando no se produzca. Ése es el proceso. A medida que el tiempo vaya pasando, la conducta deseada será la que continúe, aunque no haya recompensa. Misión cumplida.

Sin embargo, en el caso de los seres humanos es más difícil determinar qué recompensa es la más adecuada. Cuanto más desee la persona la gratificación y más tema u odie el castigo, más rápido será el adiestramiento.

Desde las primeras citas, el maltratador utilizará esta técnica tan sencilla para que mantengas una relación con él. En las largas conversaciones que mantendrá contigo estará muy al tanto de lo que dices que te gusta. También observará tus reacciones, tanto positivas como negativas. Así sabrá cómo enseñarte a hacer lo que él quiera. Te recompensará (o te prometerá que te recompensará) siempre que te sometas a su adiestramiento y te hará daño emocionalmente siempre que te resistas.

Lo que hace que suponga un reto mayor es la capacidad de la persona en la que se influye de conseguir la recompensa en otra parte (y evitar el castigo). Si la persona a la que se está adiestrando se da cuenta de que puede obtener la recompensa en otra parte, entonces puede que no esté dispuesta a pagar el precio emocional que supone estar con el maltratador. Puede que también sepa que el maltratador no le va a ofrecer la recompensa, sino que sólo la está embaucando con falsas promesas (al fin y al cabo, irá perdiendo poder cuando te acabe dando lo que quie-

que ella te haga feliz. No permitas que una mujer piense que la adoras incondicionalmente y que no tiene que esforzarse por nada.

También tiene que aprender que las críticas no pueden ser *de ningún modo* recíprocas. Siempre que puedas, *no* admitas que has cometido un error. Primero, dile que le falla la memoria (a estas alturas ella ya creerá que tu memoria es mejor que la suya). Si no la puedes convencer, quítale hierro al asunto e intenta encontrar algún modo de echarle la culpa a ella (dile, por ejemplo, que no te hubieras visto obligado a hacerlo si *ella* hubiese actuado como es debido). Si todas estas estrategias fallan, discúlpate y dile que no volverá a ocurrir. Si vuelve a sacar el tema más tarde, tendrás que castigarla.

Nunca tiene que pasar lo contrario. Tú tienes que sentirte justificado para castigarla duramente por cualquier error que cometa, por pequeño que sea. Anótalo en una lista de infracciones que tienes que memorizar para sacarlas a relucir siempre

res). También puede decidir que el castigo por haber desobedecido es demasiado duro y la recompensa no merece la pena.

El maltratador sabe que existen todos esos riesgos y por eso, desde las primeras interacciones, hará todo lo posible para venderte la moto y poderte moldear a su antojo. Intentará hacerte creer que:

- la recompensa que te ofrece es fantástica; mucho mejor de lo que esperabas;
- te será más fácil conseguir la recompensa si estás junto a él;
- te será mucho más duro o imposible conseguir la recompensa en otra parte;
- no te mereces la recompensa.

Si estás dispuesta a creer todo lo que te dice, el poder del maltratador sobre ti será ilimitado. De otro modo, no podrá garantizar que permanezcas a su lado cuando emerja su verdadera personalidad y sentimientos. Recuerda que su conducta inicial es *fingida* en gran parte y tiene conflictos emocionales muy arraigados que le cuesta mucho controlar y que irán surgiendo con el tiempo. Eso significa que no se sentirá gratificado por la relación ni podrá relajarse hasta que sepa que estás totalmente sometida a su autoridad.

La mayoría de los maltratadores son conscientes del poder de la última de las afirmaciones que acabamos de exponer

que haya una discusión o que ella te
critique. Tiene que aprender a no
disgustarte o, de hacerlo, a pagar siempre
un alto precio.

AÍSLALA DEL RESTO DE INFLUENCIAS

Nunca es demasiado pronto para alejarla de
cualquiera que pueda convencerla para que
te desafíe o se desvíe de su nueva
prioridad (su relación contigo). Utiliza
tanto los halagos como el castigo para
alejarla de los demás. Dile cuánto la echas
de menos cuando no estás con ella. Insiste
en acompañarla a todas partes. Hazle muchas
preguntas sobre sus movimientos a lo largo
del día.

Si tienes que acompañarla a algún lugar
que ella ha escogido o donde estarán sus
amigos, parientes o compañeros de trabajo,
tendrás que mostrarte firme y controlar la
situación. Dependiendo de cómo decidas
actuar, tendrás que irle enseñando a
mantenerse alejada de todas estas personas.
Para ello, puedes optar por:

(que no te mereces la recompensa). De forma intuitiva saben que existe una relación entre la autoestima de la persona y sus expectativas generales de recompensa (emocional, física, económica, etc.). Cuanto menos segura te sientas como mujer, menos recompensas pensarás que te mereces en tu relación sentimental.

Una de las bases de tu autoestima es tu eficacia, es decir, tu capacidad para aprender, pensar, elegir, tomar decisiones correctas y gestionar el cambio con efectividad. Otro punto decisivo será tu amor propio, es decir, la creencia de que tienes *derecho* a ser feliz y tener éxito, amigos, amor y plenitud. La autoestima no se basa en lo segura que digas que te sientes, ya que sólo puede evaluarse al observar tu vida, tus expectativas y cómo reaccionas cuando las cosas van mal.

Cuando se examinan los aspectos que componen la autoestima es fácil ver por qué el maltratador se esfuerza tanto para que la mujer se sienta inepta e indigna. Sabe que al exagerar la importancia de cualquier pequeño error que cometas estará mermando tu sentido de eficacia; sabe que al ir señalando tus defectos personales estará dañando tu amor propio. Incluso si nunca ha leído un libro sobre el tema, la simple observación le hará ver que existe un vínculo entre la autoestima de las personas y sus expectativas en una relación. La gente que tiene la autoestima baja no espera que su pareja la quiera ni que la trate con respeto. Si el maltratador logra deteriorar tu autoestima no se verá obligado a ofrecerte muchas recompensas para que per-

- mostrar una falta manifiesta de entusiasmo, que puede ir desde negarte a participar hasta bostezar de aburrimiento;
- tontear con sus amigas o con alguien de su familia. Intenta rodearte de mujeres de su familia que sean más atractivas que ella o de las que ella considere sus rivales;
- no le ofrezcas apoyo económico, de modo que no pueda participar como le gustaría;
- si todo el mundo está siendo educado y mantiene un tono de voz pausado, muéstrate ruidoso y cáustico. Asegúrate de que la atención que recibes no es precisamente positiva;
- avergüénzala con comentarios o conductas inapropiadas;
- critica después a diestro y siniestro.

Utiliza todos los métodos necesarios para asegurarte de que sólo lo pasáis bien cuando vais a los lugares que *tú* eliges. La mala impresión que causes también te dotará de armamento para no volver a ir. Ella

manezcas a su lado. Estarás agradecida por estar con él, no le cuestionarás nada y seguramente ni se te ocurrirá coger tus bártulos y marcharte cuando los castigos se agraven.

Cuando se trata de dar forma al carácter de una persona, hay otro aspecto que los líderes de las sectas religiosas conocen perfectamente. Se trata de la importancia de aislarte de otras influencias. El maltratador quiere mantener a la persona alejada de cualquiera que no respalde abiertamente su posición. Estas otras personas pueden:

- hacer que prestes atención a las exigencias anormales de control del maltratador;
- reforzar tu autoestima;
- recordarte que puedes encontrar la felicidad en otra parte;
- convencerte de que tengas cuidado a la hora de confiar en él;
- ofrecerte apoyo emocional para que no dependas tanto del maltratador;
- mostrarte su apoyo material como alternativa al que recibes del maltratador;
- informarte de la gravedad de las señales de peligro que manifiesta el maltratador.

Hasta que no te comprometas en serio en la relación, tu pareja sabrá que seguramente se te disparará la alarma si te prohí-

estará preocupada por tu conducta y tú
también puedes argumentar que te comportas
así porque eres consciente de que no les
caes bien a sus amigos y parientes.

Si ella argumenta que lo estás haciendo a
propósito, niégalo. Dile que se lo está
inventando todo para tener una excusa que
justifique sus propios errores, que es
insensible o que sencillamente es
desagradable. Después, tendrás que
castigarla por desafiarte.

No seas siempre duro con ella. También
puedes ser más divertido y colaborar más
cuando vayáis a un lugar que tú elijas o
cuando estéis con tus amigos y tu familia.
En esos casos, asegúrate de que tú recibes
más atención que ella. Si, pese a todo,
ella te roba protagonismo incluso en los
lugares que tú eliges, tendrás que dejarla
siempre en casa e ir sin ella.

Intenta que la relación sea seria lo
antes posible, ya que tu autoridad
dependerá de tu capacidad para impedir que
ella cuestione tus métodos y tu forma de
ser. Por ello, es más fácil lograrlo si
pones manos a la obra enseguida para que

be pasar tiempo con otras personas. Por eso, utilizará una serie de métodos para que te mantengas muy cerca de él. En primer lugar, utilizará los elogios. Te dirá lo mucho que te echa de menos cuando no estás con él, aunque sea poco tiempo. Te dirá que no puede cocinar ni cuidar de sí mismo si tú no estás. Si tú comentas que él también va a muchos sitios sin ti, te dirá que no es lo mismo y te dará una justificación. Recuerda que está acostumbrado a darte razones para que hagas lo que él desea y aceptes su doble rasero.

Si no estás de acuerdo, pasará a tácticas más duras. Tendrá un arranque de ira y te dejará que elijas entre salir con la cara desencajada por la pelea o quedarte en casa. Si cedes y te quedas en casa, enseguida volverá a ser encantador. Al fin y al cabo, es importante para tu adiestramiento que te recompense por ceder a su control.

Puede que insista en que sólo veas a tus amigos y familiares en la casa que compartís. Si vives con él (algo que sin duda intentará que ocurra lo antes posible), se pondrá desagradable si sales sola y mucho más simpático si traes gente a casa. Por supuesto, eso también implica que no tendrás intimidad y tus amigos y familiares serán incapaces de expresar lo que realmente piensan sobre vuestra relación, además de impedir que tú expreses cualquier temor o inquietud que te ronde la cabeza, ya que él estará muy cerca, escuchándolo todo.

Otro medio de aislarte será insistir en ir contigo siempre que salgas. Con toda su perorata sobre lo que significa ser pare-

ella se sienta desbordada. Cuando se sienta
abrumada por los acontecimientos, no podrá
reflexionar demasiado sobre el tema.

Reducir su resistencia también te será más
fácil si logras que deje de hacer cosas
importantes en su vida lo antes posible. Por
ejemplo, podría dejar de trabajar (si puedes
permitírtelo económicamente), irse de casa,
dejar a sus amigos y las visitas regulares a
su familia. Tiene que centrarse en la vida
contigo y en esforzarse porque la relación
vaya como una seda y tú seas feliz. Tu
felicidad tiene que ser su única
preocupación. Tiene que entender que es lo
que te mereces por el hecho de ser su hombre.

También es el momento de conseguir que
esté de acuerdo contigo en terrenos en los
que no se encuentra a gusto (un tema que ya
hemos tratado anteriormente). Intenta
aprovechar los momentos de cansancio en
los que se sienta unida a ti para pedirle
algo que le resulte desagradable y sé lo
más convincente posible. Si después
reflexiona al respecto e intenta dar marcha
atrás, subraya la importancia de la promesa
que te ha hecho (utiliza exactamente las

ja y pasar la vida juntos, se propondrá que parezca normal que te acompañe siempre, aunque sea el único hombre del grupo. Adondequiera que vayas, el verdadero drama puede empezar cuando lleguéis al lugar.

Algunos maltratadores son mucho más sutiles en sus manipulaciones y resultan encantadores y amabilísimos cuando salen con la pareja y amigos y parientes. Sobre todo al principio, cuando sabe que todavía no tiene a la pareja sometida a su control, será generoso y estará dispuesto a ayudar a todo el mundo para convencerles de lo fantástico que es. Después, cuando su pareja dependa por completo de él, «cambiará» (de hecho, no cambiará, sino que se mostrará tal cual es). Si eso ocurre, puede que ni siquiera tus amigos y parientes te crean cuando les cuentes cómo te trata de puertas adentro.[5]

La mayoría de los maltratadores no tienen ese nivel de confianza en sí mismos. Quieren separar a sus parejas de sus sistemas de apoyo cuanto antes. Cuando este tipo de hombre te acompañe a algún acto, te lo hará pagar lo más caro que pueda. Querrá que no vuelvas a aceptar una invitación tan a la ligera. Algunas de sus estrategias pueden incluir:

- No mostrar ningún entusiasmo por lo que te ocurre, no hablando con nadie o incluso bostezando de aburrimiento. Intentará que te des cuenta de su desinterés y que te pongas nerviosa.

mismas palabras que ella pronunció, si las recuerdas). Si sigue negándose, los dos sabréis que no tienes más remedio que castigarla.

RESUMEN

Estos últimos capítulos te han aportado gran información. La primera parte del proceso de educación de la pareja es intensa, así que tendrás que estar dispuesto a tomar las riendas y hacer todo lo necesario para alcanzar tu meta. Tienes que conseguir que tu pareja se comprometa en la relación lo antes posible. Vamos a recapitular:

- Tienes que aprender todo lo que puedas sobre ella. Deja que vaya confiando más y más en ti y ve memorizando información porque después te será muy útil para educarla.
- Establece tu autoridad. Haz que ella te admire y que desee complacerte. Que vea a través de tus palabras y acciones que eres un hombre al que debe respetar en todo momento.

- Tontear con tus familiares o amigas, sobre todo si sabe que tienes algún problema con alguna. Colmará de atenciones a esa mujer para que te pongas lívida de rabia.
- Cerrarte el grifo del dinero para que no puedas disfrutar plenamente. Por ejemplo, puede impedirte que te compres palomitas en el cine o que te compres el vestido adecuado para una ocasión especial.
- Armar jaleo y atraer la atención negativa de los demás. Una táctica muy común es emborracharse y buscar camorra entre personas que no aprueban este tipo de conducta.
- Avergonzarte con comentarios o comportamientos inapropiados. Puede ser desde frases racistas (a gente que puede ofenderse) hasta chistes sexualmente explícitos cuando estéis en un grupo heterogéneo. Incluso puede iniciar una discusión o utilizar palabrotas para que te mueras de vergüenza ahí mismo.
- Criticar después a fondo a todo el mundo. Algunos maltratadores se pueden comportar bien en compañía de terceros, pero después critican mordazmente a todo el mundo cuando están a solas con su pareja. Hay otros que hacen de todo: procuran que la experiencia sea lo más desagradable posible y después critican a tus seres queridos del modo más cruel.

Da igual cómo lo haga. Lo importante es si funciona o no. ¿Permites que su conducta te impida pasar tiempo con otras

- Aumenta su inseguridad. La distancia entre vosotros tendrá que ser cada vez más grande, de forma que tu autoridad sea indiscutible. Refuerza tu posición y tus ventajas respecto a ella.
- Empieza a recompensarla por someterse a tu voluntad y a castigarla cuando te plante cara. Es una pauta que tienes que mantener durante toda la relación.
- Admite tus errores sólo como último recurso. Intenta negarlos en un principio y después acúsala de exagerar o de equivocarse. Sólo si te ves entre la espada y la pared deberás admitir tu error. Entonces promete que no volverá a ocurrir.
- Aléjala de los demás. Sólo conseguirán confundirla e interrumpir su educación. Asegúrate de que sabes dónde está en todo momento y con quién se ve.
- Marca tú el ritmo. No le concedas demasiado tiempo para pensar o cambiar de idea. Enséñale que tiene que centrarse sólo en su vida contigo.
- Dedícate a reeducarla de forma constante y coherente. Enséñale que su

personas? ¿Te sientes obligada a llevarle contigo siempre que sales aunque su comportamiento te haga daño? ¿Te sientes culpable por pasarlo bien sin él?

La solución es muy sencilla (no he dicho fácil, sino sencilla). No permitas que nadie dirija tu vida. No hay amor saludable que no resista una breve separación. Si él se siente incómodo con tu gente o si hace que sean ellos quienes se sientan incómodos, ve a verlos tú sola. No dejes de ver en ningún caso a personas que te prestan su apoyo y su afecto por culpa de tu pareja. Un príncipe azul de verdad nunca te lo pediría y no intentaría manipularte ni alejarte de otras fuentes de apoyo emocional.

Pasar tiempo con tu familia y amigos no es lo único que tiene que preocuparte en esta fase. Seguramente el maltratador, a estas alturas, también te está presionando mucho para que salgas de tu zona de comodidad. Quiere que vayas con él a lugares en los que no encajas y que hagas cosas para las que no estás capacitada. Su propósito es que te sientas inadecuada.

Una de las tácticas más inteligentes y más insidiosas del arsenal del maltratador es el modo en que consigue que accedas a realizar cosas que te resultan desagradables. Eso ocurre cuando te sientes muy vinculada a él o después de que te haya ido presionando, sin prisas pero sin pausas, hasta agotarte. Intentará a toda costa que accedas a realizar algo que te resulte desagradable. Más tarde, si recapacitas y cambias de opinión, se enfadará muchísimo. Citará las palabras exactas con las que asentiste y

forma de pensar y de sentir son
erróneos en determinadas cuestiones
mientras consolidas tu autoridad.
Corrígela siempre que sea necesario y
castígala si se resiste.

Todo esto requiere esfuerzo y atención
por tu parte, pero no es complicado. Sólo
tienes que ir paso a paso. Ahora, vamos a
echar un vistazo a otro área de gran
importancia: el sexo.

atacará tu personalidad. Puede que también te ignore o haga comentarios muy crueles. Utilizará tu decisión como excusa para no hacer algo que *él prometió* hacer. Te hará sentir fatal y, como siempre que le desafíes, te lo hará *pagar*.

Pero el maltratador no sólo te presionará para hacer cosas que no te gustan, sino que sus esfuerzos tendrán por objeto manipularte poco a poco hasta que estés totalmente sometida a su control. Un ámbito en el que centrará gran parte de su esfuerzo es en vuestra vida sexual.

6

HABLEMOS DE SEXO

Un hombre nunca debe conformarse con una existencia sin sexo. También es una herramienta importante para educar a la pareja y hacer que mantenga su posición. Cuándo, dónde y cómo tienen lugar las relaciones sexuales es de vital importancia para saber dominar a la mujer. Por ello, constituye una de las claves principales para obtener una posición predominante y mantenerla.

Primera parte: Cuando empieces a salir con una mujer, ten paciencia. No la presiones para mantener relaciones sexuales (a menos que sepas que no suele mantenerlas con facilidad, por lo que el sexo la acercará más a ti). Si crees que puedes aguantar, es mejor no tener

6

En la cama

Cuando mantengas una relación con un maltratador, una de las áreas en las que su dominio será aplastante será en vuestra vida sexual. Para algunas mujeres, la sumisión es absoluta, hasta el punto de que el maltratador puede forzarlas a mantener relaciones sexuales en contra de su voluntad.[6] En otros casos las acciones son mucho más sutiles y por lo menos cuentan con el consentimiento verbal. Sea como sea, se trata de algo terriblemente dañino.

El sexo es mucho más que un intercambio físico. Literalmente es una apertura, una exposición que hace que las personas estén más unidas. Durante el acto sexual se revelan emociones y actitudes que, de otro modo, pasarían inadvertidas en otras parcelas de la vida de la persona. Lo que ocurre durante el acto sexual es, por consiguiente, el aspecto más íntimo de la relación. También es el ámbito donde, tarde o temprano, el maltratador se quitará la careta y donde su necesidad de control absoluto quedará patente.

Los maltratadores entienden el poder que tiene el sexo. Para conseguir la sumisión de la mujer, algunos tendrán en cuenta sus

relaciones sexuales durante un tiempo.
Deja que vea lo distinto que eres del
resto de los hombres. Del mismo modo, tu
atención por ella hará que se sienta
especial y te distinguirá de la multitud.
También estarás haciendo que sienta
curiosidad por saber si la encuentras
o no atractiva. Empezará a preguntarse
si no te gusta.

Una vez que mantengáis relaciones
sexuales, la maniobra sutil que toca es
empezar por ser un amante muy considerado.
Dedica todo el tiempo necesario para
satisfacerla. Es importante que se sienta
deseada y sexy. Si la complaces
sexualmente, será otra área en la que la
tendrás dominada. Estará encantada de
hacer todo cuanto le pidas para repetir
vuestros encuentros sexuales. Al
satisfacerla, también se sentirá egoísta
si no te complace, así que ésta es una
forma efectiva de convencerla de que haga
cosas que nunca había hecho. Si se
resiste, aunque tú te hayas mostrado muy
generoso con ella, será otra situación en
la que hará falta castigarla.

deseos y necesidades y se esforzarán mucho por complacer a su pareja. Confían que ella les explique lo que le gusta y que se muestre predispuesta a experimentar. En cambio, hay otros maltratadores que se centran sólo en su propio placer, sin tener en cuenta las preferencias de su pareja. Les da igual las preferencias sexuales de la mujer y puede que incluso crean que la franqueza sexual es inmoral en una mujer.

Sea cual sea el estilo sexual del maltratador, lo que varía poco es la exigencia de que la pareja le dé *lo que él quiera*, *del modo* que quiera y *cuando* quiera. Si te resistes o no participas plenamente montará en cólera. Un maltratador enfadado te castigará directa o indirectamente, con acciones, amenazas o yendo con otras mujeres.

Los maltratadores no son los únicos partidarios de la idea, muy extendida en nuestra cultura, de que los hombres tienen derecho a practicar el sexo cuando les apetezca. La mayoría de las mujeres también lo creen y disculpan la promiscuidad masculina porque consideran que los hombres necesitan el sexo tanto como el aire que respiran. Sin embargo, no existe ninguna prueba biológica que indique que los hombres necesitan más el sexo que las mujeres. El hecho de que los hombres muestren más claramente su excitación (con la erección del pene) no implica que las mujeres no se exciten también a menudo. Hay estudios que demuestran que muchas mujeres niegan su excitación sexual aunque presenten señales físicas evidentes. También hay muchas mujeres que no prestan atención a estos indicadores o que dicen que se trata de

Algunos de vosotros no queréis dedicar mucha energía a complacer sexualmente a vuestra mujer, ya que, al fin y al cabo, es *ella* quien os tiene que complacer. Es cierto y no supondrá ningún problema si ella:

- no tiene experiencia;
- está muy sola;
- no se siente nada atractiva (espontáneamente o porque tú se lo has hecho creer);
- necesita tu aprobación de forma desesperada;
- quiere mantener una relación estable;
- se siente culpable si disfruta del sexo.

Segunda parte: Cuando mantengáis relaciones sexuales, te será mucho más fácil reforzar tu autoridad. Una de las formas más eficaces de lograrlo es presionarla para que haga cosas que no le gustan. Para algunas mujeres incluso puede tratarse sencillamente de mantener

otra cosa. Se les ha enseñado a ignorar la excitación sexual y a creer que pueden controlar su expresión sexual. Por el contrario, no les enseñan a esperar lo mismo de los hombres, aunque tengan con ellos una relación supuestamente monógama como es el matrimonio.

Puesto que los valores culturales proporcionan a los hombres una excusa para su conducta sexual, los maltratadores se aferran a estas creencias. Esperan que sus parejas les den sexo siempre que les apetece, ya que creen que tienen derecho a estar sexualmente satisfechos. Esperan que les perdonen cualquier conducta sexual que tuvo lugar antes de entrar en la relación, sencillamente porque son hombres y no se les tiene que tener en cuenta. De igual modo, algunos maltratadores son infieles por naturaleza y esperan que sus parejas hagan la vista gorda ante sus «indiscreciones» (dirán que todos los hombres son infieles). La mayoría encuentra alguna forma de culpar a su pareja por la infidelidad, insistiendo en que sólo hacen lo natural, ya que no están satisfechos en casa.

Es difícil saltarse la cama en la dinámica de poder de una relación abusiva. Los maltratadores saben que las mujeres son vulnerables ante los hombres, físicamente y también debido al doble rasero sexual existente. La vida sexual es un arma demasiado poderosa como para que el hombre no la utilice. Incluso si la relación sexual es buena, la mayoría de los maltratadores se mostrarán incómodos ante una mujer que les pida sexo o se niegue a dárselo cuando a ellos les apetezca.

relaciones sexuales cuando no les
apetece. Para otras, puede tratarse de
sexo oral, sexo anal o ver películas
porno. También puede ser el tener
relaciones en lugares donde alguien pueda
veros o ir a playas nudistas. Usa tu
imaginación.

Lo importante es encontrar algo que *a
ti* te guste, pero que sepas que a ella no
le gusta tanto o incluso lo detesta. Si
parece que está de acuerdo en todo,
ingéniatelas para dar con algo que le
desagrade. Después, oblígala a hacerlo
siempre que se lo pidas sin rechistar. Se
trata de algo más que de placer personal
(la intimidad sexual es una buena forma
de consolidar tu autoridad sobre ella).
Tienes que encontrar algo que ella acceda
a hacer sólo para *complacerte*.

Cuando te satisfaga, házselo saber,
pero no permitas que se sienta demasiado
segura. Si se resiste (o sencillamente
cuando no quieres que se lo crea
demasiado), menciona lo mucho que
disfrutabas del sexo en tus relaciones
anteriores. Dile que tiene que esforzarse

Por otra parte, el uso del sexo como arma de humillación es muy común. Muchos maltratadores hacen comentarios a sus parejas sobre temas sexuales en situaciones en las que puede que haya gente escuchando, como hijos, familiares o compañeros de trabajo. A veces coaccionan a sus parejas para hacerles fotos o grabarlas en vídeo en posturas sexualmente explícitas que después el maltratador empleará para humillarlas (después de que su esposa lo abandonara, un maltratador envió a su hijo adolescente y a sus amigos fotos de la mujer practicándole una felación). Aunque tu vida sexual se mantenga en la intimidad, el maltratador esperará que cedas a sus exigencias sexuales, incluso si estás enferma o cansada. Si te niegas en redondo, el maltratador encontrará un modo de castigarte por haberle rechazado. Puede que parezca tranquilo y después utilice tu enfermedad o fatiga como base de sus comentarios o conducta cruel.

Además, a la mayoría de los maltratadores les excita el poder que ejercen al convencer a una mujer para que mantenga relaciones sexuales contra su voluntad y participe en actos sexuales que le desagradan. Dos de las prácticas más solicitadas a mujeres reticentes son el sexo oral y el anal (en el caso de que a las mujeres les desagraden estas prácticas). También pueden incluirse conductas de riesgo como mantener relaciones sexuales en lugares públicos, mirar pornografía y otras cosas que la mujer considere degradantes.

La mayoría de los maltratadores no se limitan a solicitar este tipo de conductas. Además les explican a las mujeres que otras mujeres con las que salieron en el pasado participaban y disfruta-

mucho si quiere estar a la altura de tus otras parejas. Las mujeres son muy competitivas y no hay duda de que intentará mejorar. No sólo cederá ante tus deseos, sino que además intentará estar fantástica.

No cometas el error de permitirle pensar que puede negarse a tus exigencias sexuales. ¡No hay excusas que valgan! Si empieza a cuestionar tu autoridad en la cama, acabará cuestionándola en todo lo demás y tendrás una relación de pareja muy diferente de la que deseas.

Continúa obligándola a hacer cosas aunque se oponga. Se trata de una herramienta muy poderosa en todo el proceso, no sólo en relación con el sexo. Cada vez que la convenzas de que haga algo que no le guste, estará sometiéndose a tu autoridad. Incluso acabará recurriendo a tus explicaciones para comportarse como tú quieres.

Nota: A la mayoría de los hombres les gusta probar cosas distintas de vez en cuando. Parte de la razón para establecer tu autoridad es tener cierto grado de

ban con estas actividades. Acusan a sus parejas reticentes de ser frígidas, egoístas o retrógradas. Les dejan claro que ceder a sus exigencias resulta esencial para mantener una relación estable. Las mujeres temen las consecuencias o repercusiones de una negativa.

Si cedes y después le mencionas al maltratador lo mal que lo has pasado, éste utilizará tus palabras como prueba de tu fracaso como mujer y de tu falta de integridad (porque en su momento cediste). Si sus exigencias son particularmente molestas puede afirmar que es lo que necesita como hombre. Te dirá que si le quieres tienes que asentir. Puede que insista en que al final te acabará gustando tanto como a sus novias anteriores.

La intimidad, un componente central en tu sexualidad, es otra herramienta que un maltratador listo sabe manipular. Cuando dos personas hacen el amor, siempre hay formas de tocar y de compartir que son increíblemente íntimas. Cuando el maltratador exige prácticas cada vez más incómodas, a esa incomodidad adicional hay que sumarle el secretismo. Es otra forma de hacer que tu comportamiento diurno no se corresponda con tu personalidad nocturna. Así, tu vínculo con él se reforzará porque él conocerá tu secreto, y, aunque nunca lo desvele, refuerza los vínculos psicológicos que te unen a él.

Además de las objeciones evidentes, otros aspectos de su coacción sexual son especialmente alarmantes. Debido a la intimidad de los actos y los sentimientos que suelen tener las mujeres por sus parejas sexuales, el incentivo para adaptarse psicológicamente a esas exigencias sexuales es muy poderoso. Eso implica que a me-

independencia, tanto en vuestra cama como en otros sitios. Tu mujer tiene que aprender a hacer todo lo necesario para complacerte y a no preguntar lo que haces fuera de casa. Lo último que necesitas es una mujer que te someta a un interrogatorio, que te indique dónde puedes ir o que exija saber dónde y cómo te gastas el dinero. Un hombre tiene derecho a ciertas diversiones y una mujer bien educada tiene que entenderlo. Se sentirá mejor cuando sepa cuál es su lugar en tu vida y no tenga que preocuparse por lo que haces con otras. Al fin y al cabo, haciéndote feliz consigue que acabes volviendo a ella.

nudo las mujeres se autoconvencen de que quieren participar en prácticas que hacen que se sientan usadas, sucias o degradadas. Es demasiado doloroso participar constantemente en actividades que subrayan su vulnerabilidad y, como consecuencia, sus cerebros amortiguan el dolor para que sea más llevadero. Si mantienes una relación con un maltratador, quizá no admitas, ni siquiera a ti misma, lo mucho que te duelen las cosas que te pide que hagas en la cama. Harás lo que te pide, te autoconvencerás de que no pasa nada e incluso intentarás disfrutar hasta que pongas fin a la relación. Si le dejas, quizá te sorprenda la intensidad del dolor y el resentimiento que sentirás hacia él por haberte exigido participar en esas actividades. Cuando sepas que no vas a volver nunca con él, tu cerebro eliminará la anestesia emocional que te permitía sobrellevar la vida a su lado. Resurgirán con fuerza tus verdaderas posiciones respecto al sexo, así como tus verdaderos sentimientos sobre muchos aspectos de la relación con tu pareja.

Hasta entonces, el maltratador continuará utilizando vuestra vida sexual como medio para afianzar su poder sobre ti. Esperará que le complazcas como a él le gusta. No te dará explicaciones acerca de su conducta sexual fuera de vuestra relación, aunque diga lo contrario. Al fin y al cabo, los maltratadores mienten y muchas veces lo hacen muy bien. La mayoría también acaban siendo infieles, aunque muchas veces no lo averiguas hasta que él te deja por otra o contrae alguna enfermedad de transmisión sexual. Pero incluso entonces, sabrá darle la vuelta a la situación para echarte a ti la culpa de todo.

7

SUPERA LAS RESISTENCIAS

Cuando continúes estrechando tu relación inevitablemente habrá áreas en las que tu pareja y tú estéis en desacuerdo. Parte de la educación que le impondrás le resultará incómoda, sobre todo si no ha crecido en un entorno en el que se acepte la autoridad del hombre. El modo en el que tú respondas a su rechazo será otro aspecto del proceso de maniobras sutiles.

Todo verdadero líder sabe cómo aplicar un bálsamo para reducir la resistencia. La gente quiere obedecer, pero a veces necesita una vía de superación de los condicionamientos pasados. Lo mismo ocurre con las relaciones personales. Hay que ser capaz de ofrecer explicaciones razonables ante cualquier objeción que la mujer manifieste. Basa las justificaciones en *sus* creencias, en vez de en

7

Cómo supera tus objeciones

Es importante que te des cuenta de que los métodos del maltratador no dependen de que tú te muestres pasiva y asientas a todo cuanto dice. Incluso a las mujeres que tienen una educación tradicional se les enseña a tener su propia opinión, que muchas expresan libremente en sus relaciones. Así pues, lo esencial es la forma particular que tienen los maltratadores de responder a tus objeciones o inquietudes, minimizando en todo momento su importancia. Si no reconoces la importancia de sus acciones o sus exigencias, quizá le sigas el juego sólo por ser amable o porque te gusta. No serás consciente hasta mucho después de hasta qué punto te ha manipulado.

La mayoría de las disciplinas que estudian la conducta humana, desde la psicología experimental hasta los cursos básicos de liderazgo, enseñan métodos para reducir la resistencia. Estos métodos han sido probados durante años y suelen ser muy eficaces. Pero lo que *no* son en absoluto es honestos o abiertos. Su eficacia depende de tu predisposición a creer a pies

las tuyas. Utiliza todo lo que sea efectivo para calmarla y reducir su resistencia.

A continuación encontrarás una lista de respuestas que pueden ayudarte y que están basadas en el modo de pensar que comparten muchas mujeres. Quizá también te resulten útiles estas sugerencias al principio de la relación, cuando es primordial establecer la autoridad. Todas están numeradas (para cada queja que tenga habrá al menos una justificación o acción que puedas utilizar para tranquilizarla). Intenta ser lo más convincente posible. Repítelas hasta que casi te las creas.

Mientras tanto, trata de utilizar lo siguiente si intenta resistirse a su educación:

1. Te acusa de ser demasiado celoso
   - Dile que es porque estás muy enamorado de ella.
   - Dile que la última pareja que tuviste te engañó con otro.
   - Dile que se debe a que es tan maravillosa que no crees que pueda ser real.

juntillas lo que diga el maltratador. Si, por el contrario, esperas hasta conocerlo bien para emitir un juicio, serán mucho menos efectivos.

Si hay algo que debe quedarte claro después de leer este libro es que tienes que reservarte el juicio sobre cómo es un hombre, cuáles son sus motivos y cómo será tu futuro con él hasta que lo conozcas bien. Continúa explicándole lo que piensas y presta mucha atención a sus reacciones.

A continuación expongo algunas de las respuestas más comunes que dan los maltratadores a las objeciones de su pareja. Cuando las oigas puedes quedarte tranquila o, por el contrario, aún más alerta. Los maltratadores cuentan con que te quedes tranquila después de oír estas frases en vez de mantenerte firme:

1. No te gusta lo celoso que es y se lo dices. En vez de dar marcha atrás, él:
   - te dice que es celoso porque está enamoradísimo de ti (buen intento);
   - te dice que su última pareja le fue infiel (luz roja. Averigua por qué);
   - te dice que está celoso porque eres tan maravillosa que no puede creerse que estés con él (acaba de admitir que eres demasiado buena para él. ¡Créele!);
   - afirma que así es como se comportan los hombres de su cultura (te acaba de decir en pocas palabras que no

- Dile que así se comporta la gente con la que creciste y que te educó (puede funcionar si ella pertenece a otra etnia o procede de otro lugar).
- Dile que a tu última novia/mujer no le importaba.

2. Se queja de que eres demasiado controlador.
   - Dile que es porque quieres cuidar de ella.
   - Dile que no estás tranquilo si no te aseguras de que lo tenga todo como es debido.
   - Dile que no se trata de *control*, sino de preocupación.

3. No le gusta que le exijas que te diga dónde está en todo momento ni que la interrogues sobre lo que hace.
   - Dile que sólo quieres asegurarte de que está bien.
   - Dile que no debería importarle si no hubiera hecho nada malo.

tendrás libertad personal si sigues con él. Créele también);

- dice que a la última mujer con la que salió no le importaba (otra luz roja. Aunque sea cierto, tú *no* eres esa mujer. Tienes derecho a tener tus sentimientos sin que te compare peyorativamente con otra persona);

- te dice que cree que eres maravillosa y sabe que otros hombres también lo creen (no es una excusa válida. Tú tienes derecho a decidir por ti misma).

2. Intenta dominar tu vida y te quejas de que es demasiado controlador. Él:

- insiste en que sólo quiere cuidar de ti (recuerda, *eres una persona adulta y puedes cuidar de ti misma*. Créele. Es lo mejor que puedes hacer para protegerte de un maltratador);

- afirma que no está tranquilo si no se asegura de que lo tenga todo como es debido (puede parecer bonito, pero en realidad es un insulto: está dando por sentado que él hace las cosas mejor que tú. Aunque sea cierto, es una luz roja. Te está diciendo que se siente superior a ti);

- te dice que no te está intentando controlar, sino que sólo está preocupado (no le permitas que ponga una bonita etiqueta a una conducta negativa. Llamarle preocupación no implica que deje de ser control).

- Pregúntale si preferiría estar con alguien que no se preocupase por ella, como su última pareja.

4. Considera que algunas de las cosas que le preguntas son demasiado íntimas.
   - Dile que lo quieres saber todo sobre ella.
   - Dile que los enamorados no deberían tener secretos.
   - Dile que las personas seguras de sí mismas no se avergüenzan de ser quienes son ni de lo que han hecho.
   - Dile que tú compartirás con ella la misma información.

5. Le molestan tus manifestaciones de ira.
   - Dile que reaccionas así porque eres una persona apasionada.
   - Dile que no estás dispuesto a tolerar... (pon en los puntos suspensivos lo que te haya hecho enfadar).

3. Quiere saber dónde estás en todo momento y empieza a preguntarte por todo lo que haces. Aunque le dices que eso no te gusta, él:

   • afirma que sólo quiere asegurarse de que estás bien (dile que es muy amable, pero que se mete demasiado en tus asuntos. Si su motivo real es la preocupación, dará marcha atrás);

   • dice que no debería importarte si no hubieras hecho nada malo (luz roja total. Este tipo de actitud a la defensiva debería alertarte de que te acusará a ti de hacer algo mal cuando le pidas cuentas de algo);

   • te pregunta si preferirías estar con alguien que no se preocupase por ti, como pasó con tu anterior pareja, por ejemplo (por supuesto que no, pero eso no significa que tengas que aceptar que te controle de esta manera; además, es un golpe bajo, o sea, que luz roja).

4. Te hace preguntas que son demasiado íntimas y que te hacen sentir incómoda. Él:

   • dice que quiere saberlo todo sobre ti (ten mucho cuidado: dar demasiada información demasiado pronto puede hacerte vulnerable);

   • afirma que los enamorados no deberían tener secretos (es una afirmación ridícula. Estar enamorado no significa ser un descerebrado. Recuérdale que la gente

- Échale la culpa a algo que te haya ocurrido ese día.

6. Está dolida por tus críticas.
   - Dile que sólo quieres ayudarla.
   - Dile que es importante que la persona con la que compartes tu vida sepa aceptar críticas constructivas.
   - Dile que tiene que tener la piel más dura.

7. Se resiste a que vuestros contactos duren tanto y dice que se siente agobiada.
   - Dile que no te apetece colgar el teléfono, irte a casa, estar lejos de ella, etcétera.
   - Dile que estás de acuerdo y modifica tu comportamiento unos días, antes de volver a las andadas (al fin y al cabo, forma parte de su educación).
   - Pregúntale si prefería estar con un hombre que no estuviese tan loco por ella.

también necesita tiempo para conocerse. *No le des la respuesta* a todo lo que te pregunte);

- sostiene que las personas seguras de sí mismas no se avergüenzan de ser quienes son ni de lo que han hecho (recuérdale que la intimidad también está permitida y que sólo compartirás la información cuando te sientas cómoda y te apetezca);
- dice que compartirá la misma información contigo (no se lo pidas. Recuerda que, incluso si te dice la verdad —algo que no sabes—, después utilizará la información que le has facilitado contra ti, si se trata de un maltratador).

5. Se enfada muchísimo y te preocupa lo que eso significa con respecto a su personalidad. Él:
   - afirma que es un hombre apasionado (es un calificativo que se suelen atribuir los maltratadores. La gente apasionada no monta en cólera; luz roja total);
   - dice que no está dispuesto a tolerar… cualquier cosa que haya provocado su enfado (a menos que la causa de su enfado sea la crueldad o la injusticia frente a personas vulnerables; ándate con cuidado);
   - le echa la culpa a algo que le ha ocurrido a lo largo del día (recuerda que los maltratadores no asumen la responsabilidad de sus actos. Para ellos, siempre es culpa de otro. Aquí también luz roja, rojísima).

8. Quiere pasar más tiempo con sus amigos y su familia.

   - Dile que no hay problema y después insiste en acompañarla (tendrás que hacer lo que ya explicamos anteriormente para que ella se sienta incómoda).

   - Admite que crees que no les caes bien ni a sus amigos ni a su familia.

   - Insiste en que se vean siempre en vuestra casa (si vivís juntos) y asegúrate de estar presente.

9. Quiere poner fin a la relación por algo que has hecho.

   - Dile que lo has hecho porque tienes miedo de perderla.

   - Explícale que no lo volverás a hacer porque quieres ser mejor persona y pídele ayuda.

   - Proponle matrimonio.

10. Quiere que la relación vaya más despacio.

    - Dile que cuando van bien las cosas, ¿por qué esperar?

6. Te critica despiadadamente y le dices que su conducta te parece cruel. Él:

   • te dice que sólo quiere ayudarte a mejorar (luz rojísima. Ya se ve como tu profesor o padre);

   • afirma que es importante que la mujer con la que comparte su vida sepa aceptar sus críticas (está intentando distraerte con una promesa implícita de un bonito futuro en común. Te está liando para salirse por la tangente);

   • insiste en que tienes que tener la piel más dura (luz muy, pero que muy roja. Ya te está empezando a tratar como si fueses de su propiedad);

   • te pregunta si quieres echar por la borda todo el tiempo y el esfuerzo que los dos habéis invertido en la relación (es una amenaza implícita de ruptura si le plantas cara. Otra luz roja, muy, muy gorda);

   • se disculpa y afirma que va a cambiar (recuerda que es una excusa barata. Presta atención a su conducta para ver si realmente cambia).

7. Intenta que vuestros contactos duren mucho. Le dices que estás un poco agobiada y él:

   • dice que no puede soportar estar lejos de ti (recuerda todo lo que hemos dicho sobre manipulación psicológica y pídele espacio);

   • accede de mala gana y durante unos días se muestra distinto, pero después vuelve a las andadas (te está de-

- Dile que estás de acuerdo y que has pensado que quizá deberíais salir con otras personas.
- Dile que opinas todo lo contrario y proponle matrimonio.

Si te has quedado en blanco al intentar encontrar una razón creíble para explicar tu conducta, siempre puedes decirle: «¡Así es como se comportan los hombres *de verdad*!» o «Los hombres siempre serán hombres» (es un poco menos efectivo). Después, halágala, dile que la quieres y lo mucho que deseas estar con ella. Distráela con palabras, con flores, regalos, sexo o con un poco de todo.

Ten en cuenta que tu meta es que ella acepte *tu* conducta y que cambie *sus* reacciones y en ningún caso tendrás que empezar a actuar de otra forma. Ella es la que tiene que ser educada, no tú. Mantente fiel a los siguientes principios para incrementar aún más tu efectividad:

1. Tu primera respuesta ante sus objeciones debería ser decir siempre

mostrando que no respeta tu opinión y/o no tiene la disciplina necesaria como para cumplir lo que dice. Ambas conductas se merecen una gran luz roja);

- te pregunta si preferirías estar con un hombre que te quisiese menos (puedes sorprenderle diciéndole «sí» y pidiéndole una vez más que deje de hacerlo).

8. Le dices que te gustaría pasar más tiempo con tus amigos y con tu familia. Él:
   - está de acuerdo, pero insiste en ir contigo y hacerte incómoda cualquier experiencia (piensa en el infierno que será tener que sufrir este tipo de situaciones toda la vida. Con su conducta intentará alejarte de tus seres queridos. No se lo permitas y vete sola la próxima vez);
   - dice que cree que les cae mal a tus amigos y a tu familia (si es un maltratador, seguramente está en lo cierto. Vete sola y presta atención a lo que dicen tus seres queridos. Asegúrate de que no se trata sólo de la resistencia de tu familia ante tu elección de pareja);
   - insiste en que veas a tus amigos o familiares siempre en vuestra casa (está intentando controlar el territorio. Luz muy, muy roja).

9. Quieres poner fin a la relación porque ha hecho algo horrible. Él:
   - insiste en que lo ha hecho porque tenía miedo de per-

algo que explique lo que has hecho.
Centra tus explicaciones en las
creencias que ella alberga sobre los
hombres o sobre los sentimientos.
Nunca admitas que te has equivocado
ni se te ocurra disculparte. Ten
siempre a mano unas cuantas excusas
y practícalas para que te salgan
espontáneamente cuando las
necesites.

2. Tu segundo recurso es encontrar un
modo para culparla de lo ocurrido.
Dale la vuelta a la tortilla y dile
....
que si hubiese sido más (rellena el
espacio en blanco con el adjetivo
deseado) tú hubieses actuado de otro
modo. Intenta decirlo con
emotividad. Haz todo lo posible para
que se sienta culpable por tu error.

3. La mejor defensa suele ser un buen
ataque. Si dice que has hecho algo
malo, indícale que sus recelos se
deben a su propia conducta. Dile que
está «proyectando» sus propias
intenciones en ti. Sé firme a la hora

derte (aunque sea cierto, si has llegado a este extremo es que no has prestado mucha atención a las señales. Ten mucho cuidado con ese tipo);

- dice que no lo volverá a hacer porque quiere ser mejor persona. Lo normal es que te pida que le ayudes a ser mejor persona (sinceramente, esta transformación casi nunca ocurre. Los maltratadores siempre dicen lo mismo cuando su pareja ya está decidida a dejarles y después se olvidan enseguida. Tienes derecho a marcharte. No lo olvides. ¡*Él no tiene* ningún derecho a impedírtelo!).

10. Quieres que la relación vaya más despacio y él se niega. Te dice:
    - cuando van bien las cosas, ¿por qué esperar? (una respuesta muy sencilla es que se necesita tiempo para estar seguro de los sentimientos. Si no lo respeta, te estará dando más información sobre cómo es);
    - está de acuerdo, y dice que cree que los dos deberíais salir con otras personas (es un chantaje en toda regla. Te está dando un ultimátum: o haces las cosas a su modo o se buscará a otra. Si quieres protegerte, deja que se vaya);
    - opina todo lo contrario y te propone matrimonio (es otro acto de manipulación. Recuerda que te eligió porque tú le dijiste que te gustaría casarte. Sin embargo, lo

de negarte a aceptar toda
responsabilidad. En los próximos días
dile que le has preguntado a gente que
conoces cuál es su opinión y que todo
el mundo ha dicho que tú nunca harías
eso de lo que ella te acusa. Utiliza
tu gran memoria para convencerla de su
error. Con esta estrategia sumada a la
del principio 2, la persona que
permanece enfadada más tiempo es la
que gana. Enseguida verá que no vale
la pena insistir y cederá.

4. Si los principios 1, 2 y 3 no
funcionan, admite que te has
equivocado, pero réstale importancia
a lo acontecido. Acúsala de ser una
exagerada o de sacar las cosas de
quicio. Discute con ella sobre lo
ocurrido y deja que se desahogue.
Así se sentirá escuchada y te
perdonará. Después prométele que a
partir de ahora las cosas serán
distintas, no modifiques tu
conducta.

5. Si ella está dispuesta a cortar y
marcharse, quizá tengas que cambiar

último que deseas es casarte con un maltratador, así que rechaza su propuesta y el anillo).

Es importante recordar que el maltratador no considera que las objeciones que planteas a su conducta sean válidas. Cree que él tiene derecho a tratarte a su antojo. También da por sentado que es más inteligente que tú y que te puede convencer con artimañas si te das cuenta de que su conducta no es apropiada. Normalmente tendrá una respuesta hábil, racional y lógica a mano para tus objeciones e incluso puede que tú misma le acabes dando la razón y reconociendo, sin motivo, que te has comportado como una tonta o una histérica. Eso es exactamente lo que él quiere.

Si no cedes con facilidad, puede recurrir al humor o decir algo agradable para aplacar tu enfado. Quizá te ofrezca algo que cree que quieres. Incluso puede ingeniárselas para darte pena. No quiere admitir que se ha equivocado y, si lo admite, prestando un poco de atención a su tono de voz percibirás su deshonestidad. Quizá también puedas percibir la agresividad que se esconde tras la superficie al tener que responder ante ti de sus actos. Puede que se calme si le dices que le perdonas y aceptas continuar la relación.

Si te mantienes firme en tus objeciones ante lo que ha hecho, seguramente mostrará su cara más agresiva. Incluso puede hallar algún modo de culparte por lo ocurrido. Puede que diga que, si le hubieses satisfecho más, hubieses sido más femenina y

de comportamiento durante un breve
periodo de tiempo (sobre todo si has
sido un chico malo de verdad). Cede
un poco si crees que es necesario, y
después intenta volver a someterla a
tu educación lentamente para
eliminar el riesgo de que se vaya.
¡Y no se te ocurra perdonarla por
hacerte pasar por este mal trago!
Una vez que acabes su educación,
tendrá que ser castigada por haberte
hecho tanto daño.

No te apiades ni cedas con facilidad
porque llore o parezca triste. Si lo
haces, tendrás que pagar un alto precio
durante el resto de la relación con ella.
Tiene que aprender a darte todo lo que
necesitas en la relación, a quererte y
apoyarte como hombre. Recuerda que lo
último que quieres es la pareja moderna
que siempre te critica, tan común en la
sociedad occidental.

Recuerda que *estás haciendo todo esto
para protegerte.* Tienes derecho a mantener
una relación saludable y sólida. Si dejas

le hubieses mostrado más afecto, él nunca hubiese tenido que hacer lo que ha hecho.

Pero eso ya supone reconocer su error, y la mayoría de los maltratadores se resisten con todas sus fuerzas a admitir que se han equivocado (sobre todo cuando el acto en cuestión sea excepcionalmente cruel o dañino psicológicamente). Muchos te acusarán de intentar «proyectar» tus propias intenciones sobre lo que ellos hacen, o dirán que les atribuyes los errores de otro. También te dirán después que han preguntado a otras personas que los conocen bien y que éstas coinciden en que él es incapaz de hacer aquello de lo que le acusas (en realidad, a esas otras personas rara vez les pregunta nada, y si le dan la razón es porque los coacciona, no porque la acusación sea inverosímil).

El maltratador puede intentar citar algunas cosas que han ocurrido antes del incidente para impresionarte con su gran memoria y convencerte de que te equivocas. Se mostrará dolido y enfadado con tu acusación y hará que pagues un alto precio emocional. Si no estás dispuesta a salir por la puerta, quizá te parezca que no vale la pena discutir y lo dejarás correr o suscribirás de boquilla la interpretación de los hechos que él te propone.

Otra táctica que utiliza el maltratador es acusarte de sacar las cosas de quicio. Intentará mantener una larga discusión sobre lo ocurrido, dejándote que te desahogues. Su propósito será hacerte sentir válida, como si se mostrase receptivo ante tus necesidades. La situación es muy distinta. No es más que

que ella lleve los pantalones, acabará
dominándote hasta anularte como hombre.
Esfuérzate por educarla bien y tu futuro
será de color de rosa.

una estratagema para calmarte sin verse obligado a modificar su conducta.

Si ya estás lista para dejarle, el maltratador tendrá un ataque de pánico y te prometerá que cambiará. Incluso puede que acepte ver a un psicólogo o leer libros sobre el maltrato. Es posible que al final se esfuerce por cambiar durante un tiempo, pero modificar este tipo de conducta requiere un esfuerzo constante durante *años*. Es necesario que altere no sólo su conducta sino también las creencias de base, los valores y las expectativas. Depende de la curación del trauma emocional y psicológico que el maltratador ha padecido durante gran parte de su vida. Aunque tenga buenas intenciones, sólo un pequeño porcentaje de los maltratadores (menos de un 10 %) cambia su forma de actuar. El resto lo intentará sólo hasta recuperar a la pareja y después volverá a las andadas. Algunos incluso empeoran.

SEGUNDA PARTE:

DESPUÉS DEL COMPROMISO...

8

UNA ÚLTIMA REFLEXIÓN

Una vez que mantengas una relación formal
con la mujer elegida, las cosas serán más
fáciles. Si la has educado bien, ya no
tendrás que preocuparte porque vaya a
desafiarte. Sólo hay algunos aspectos que
deberás tener en cuenta.

Su educación tendrá que reforzarse de
vez en cuando. Castígala algunas veces
sin previo aviso para que no se sienta
demasiado segura. Así le recordarás lo
importante que es que te complazca.
Cuando la castigues, sé más duro que al
principio de la relación.

Sigue haciéndole promesas. Algunas
las cumplirás y otras no. Lo último que
quieres es que ella aprenda a predecir
lo que harás o que sepa cuándo se
merece una recompensa. Tendrá que estar

8

Con la soga al cuello

Si, pese a todo, decides mantener una relación formal con un maltratador, las cosas empezarán a cambiar, a peor, cuando te comprometas en serio (yéndote a vivir con él o, sobre todo, casándote). Desde las primeras citas ya habrá puesto manos a la obra y a estas alturas habrá algunos aspectos que serán evidentes, como los que veremos a continuación.

Dependerás mucho de él. Si puede permitírselo, intentará ser él quien aporte el dinero en casa e intentará gestionar la economía doméstica. Incluso si te «deja» pagar las facturas, tendrá sus propios recursos económicos a los que tú no tendrás acceso (no lo descubrirás hasta que te separes). Si tú mantienes una cuenta propia, él intentará obtener tu contraseña y cualquier otra información que le permita disponer de tu dinero si cree necesario castigarte.

Te aislará con palabras y con su conducta (no siempre serán negativas). Hablará constantemente de los dos como si fueseis una sola entidad. Dirá «nosotros» con mucha frecuencia. Tratará de convencerte de que el mundo exterior no entiende una re-

siempre atenta y buscando formas de complacerte.

Utiliza el poder de la intimidación. Hazle saber que no tolerarás que te desafíe. Asegúrate de que estéis a solas cuando utilices palabras o acciones que demuestren lo que ocurrirá si te desobedece. Cuando ya llevéis un tiempo juntos, bastará con que adoptes cierta expresión para que ella ceda.

Empieza a reducir tanto las recompensas que le das por someterse a tu autoridad como las que le concedes para disculparte por haberte portado mal. Cuando haya recibido una buena formación, ya no se irá, hagas lo que hagas. Ahórrate esfuerzos... y dinero.

Asegúrate de controlarla al máximo. No me cansaré de repetirlo. Tiene que depender de ti económicamente, emocionalmente y en su vida cotidiana. Presta especial atención a la economía. Te tendrá que rendir cuentas de cada céntimo que se gasta, aunque ella también tenga ingresos propios. Te supondrá un esfuerzo estar siempre pendiente de este

lación como la vuestra o el profundo significado que el compromiso tiene para vosotros. Sabe que cuanto más confíes en vuestro futuro en común como pareja, menos probabilidades habrá de que le dejes si empieza a manifestar un comportamiento más problemático o agresivo.

Hará todo lo que esté en su mano para garantizar que te sientas segura sólo junto a él. Sin embargo, debido a sus ansias de dominio y castigo, tampoco te sentirás segura con él. Si decides seguir adelante con la relación tendrás que amortiguar esta sensación autoconvenciéndote de que estás más segura con él que con nadie. Te acabarás acostumbrando a sentirte insegura en todas partes.

Probablemente a estas alturas ya utilizarás tú también *sus* palabras y percepciones para darles explicaciones a los demás (además de a ti misma). Él habrá obtenido el control de tus pensamientos, ideas y creencias y controlará tus actos. Intentarás convencerte de que tiene razón y que hacer las cosas como a él le gusta también es lo que te gusta a ti (sólo después de dejarle podrás reconocer que se trata de una falacia).

¿Recuerdas la boda con la que siempre has soñado? Puede que tu sueño se haga realidad y puede que no. Muchos maltratadores quieren dominar en todo, incluso en la boda. Quizá te convenza de que su gusto es mejor que el tuyo o más apropiado. Tú ya estarás tan acostumbrada a ceder a sus exigencias que tal vez no luches por defender tu punto de vista, sobre todo en un momento de tanta vulnerabilidad. Si cede a tus deseos sobre

tema, pero tienes que estar atento para mantener la autoridad.

Asegúrate de seguir alejándola de influencias perjudiciales. Estate muy atento a su familia, amigos y compañeros de trabajo, sobre todo si continúa trabajando fuera de casa. Pregúntale siempre con todo detalle qué hace durante el día y con quién se ve. Reduce su intimidad para que no pueda esconderte cosas. Asegúrate de que en casa no hay cerrojos y que no puede hacer llamadas. Tienes que controlarla muy de cerca durante toda la relación.

Sigue educándola. Utiliza las siguientes herramientas siempre que sea necesario para que se mantenga en el sitio que le corresponde como mujer:

• **Amenazas:** Dile que le harás daño, o que se lo harás a sus seres queridos, a sus compañeros de trabajo o a cualquier otra persona que ella aprecie. Una variante sería amenazarla con destruir algo que

la boda te lo recordará durante el resto de vuestro matrimonio para mostrarte lo razonable y flexible que puede llegar a ser.

Cuando estés comprometida definitivamente en una relación formal, ya no creerá que tiene que esforzarse tanto como cuando te cortejaba. Mantendrá pocas de las promesas que te haga y se esforzará mucho menos por complacerte. Por el contrario, sus exigencias irán aumentando y cada vez se convertirán más en *órdenes*. Tendrás miedo a desafiarle debido al alto precio emocional que te hará pagar.

La percepción de que tú le perteneces irá aumentando cuando ya tengas un anillo de casada en el dedo. Verá este hecho como la justificación necesaria para decirte lo que tienes que hacer. Creerá que, como eres *su* mujer, puede hacer contigo *lo que quiera*, y le dará igual que tú creas que la obligación es recíproca.

Su dominio se hará extensivo a tu relación con otras personas. Los maltratadores son muy celosos y posesivos. Muchas mujeres se sorprenden de que esos celos se dirijan incluso a los niños. Cuando los hijos son lo suficientemente mayores pueden manipularlos también emocionalmente, enseñándoles mediante la técnica del castigo y la recompensa a preferirle a él. Hasta entonces, tendrá celos del tiempo y atención que les concedas, por poco que sea: será un tiempo que estarás restando a *sus* necesidades y eso le dará muchísima rabia.

Cuando la relación ya sea formal, empezará a exteriorizar gran parte de la ira que mantenía oculta cuando salíais juntos.

posea o cancelar algo que proyectabais o que le habías prometido.

- **Críticas:** Estate siempre atento y comenta cualquier error que ella cometa. Fíjate también en los fallos que comenten las personas a las que ella admira. Sé todo lo concreto que puedas. Intenta criticar poco al principio y después ser cada vez más crítico con el tiempo. Que se dé cuenta de que ella no sabe juzgar bien a nadie ni nada.

- **Insultos:** Haz comentarios crueles sobre ella o sus seres queridos destinados a herir sus sentimientos. Si sientes que te has pasado de la raya, siempre puedes decir que sólo estabas bromeando.

- **Acusaciones:** De vez en cuando señálala con el dedo por haber hecho algo mal. A medida que vaya progresando la relación tienes que ir aumentando las acusaciones. Pueden ser ciertas o falsas, da igual. De cualquier modo la

Para muchas mujeres, después del compromiso es cuando aparece el primer maltrato físico o cuando se pasa de empujones y bofetadas a agresiones más graves, que tienen como resultado lesiones físicas. Seguramente cuando el maltratador se tranquilice se arrepentirá de sus acciones, pero cuanto más tiempo permanezcas con él menos le durarán los remordimientos y más frecuentes serán los malos tratos. Incluso cuando sus accesos de furia provoquen lesiones físicas y se arrepienta después, enseguida encontrará alguna forma de minimizar la importancia del daño que te ha hecho e incluso te culpará de lo ocurrido. He tratado a cientos de maltratadores y he visto a muy pocos que, al cabo de algunos meses, sigan aceptando plenamente la responsabilidad de sus actos. A medida que pasan las semanas, casi todos intentan hacer ver que el daño ocasionado no fue importante, afirman que su pareja podría haberlo impedido si hubiese actuado de otro modo (por ejemplo, diciéndole que le quería). Casi todos insisten en que, en el fondo, fue culpa de su pareja, aunque en su momento hubieran reconocido su responsabilidad. La mayoría de los maltratadores también tienen una memoria selectiva. Sólo recuerdan las acciones que desembocaron en el incidente, mientras que recuerdan el incidente en sí de un modo muy distinto a su pareja (y distinto también a lo que admitieron inmediatamente después de que ocurriese).

La mayoría de los maltratadores tienen predisposición a soltar diatribas periódicas que sus parejas ya esperan. Después de que amaine el temporal, como parte del acuerdo tácito en

desconcertarán y evitarán que ponga en tela de juicio tus acciones.

- **Humillación o vergüenza:** Dile cosas que la hagan avergonzarse y sentirse inadecuada. Ríete de cosas que le molesten o crea que son demasiado íntimas como para comentarlas. Di cosas inapropiadas delante de otras personas. Así conseguirás que siga manteniendo una actitud humilde y sumisa.

- **Mentiras:** Di mentiras con dos finalidades: 1) evitar que te responsabilice de lo que has hecho y 2) hacer que dude de su propia memoria. El primer tipo de mentira evita que ella te monte un drama y, el segundo, tiene el propósito de aumentar su inseguridad e incapacidad de confiar en sí misma. Ambos tipos de mentira son muy útiles en una relación.

- **Mina su confianza:** Hay dos formas de lograrlo: 1) decir qué quieres o deseas realmente en una mujer, algo que tu pareja no tiene, y 2) afirmar que

que se basa la relación, hay que aceptar la disculpa (si es que él se molesta en ofrecerla), perdonar *y* olvidar. Desde luego, la situación no será en absoluto igualitaria. Si tú cometes un pequeño error, te lo recordará una y otra vez y lo utilizará como arma arrojadiza en cualquier discusión. Además, estarás sometida a:

- **Intimidación:** Cuando ya lleves un tiempo con un maltratador, utilizará determinadas expresiones o giros para que sepas que está enfadado y te prepares para el castigo. Si estáis en un lugar público, seguramente esperará hasta que estéis a solas para dar rienda suelta a su cólera.
- **Amenazas:** Irán aumentando de frecuencia e intensidad. La mayoría de los maltratadores amenazan con hacerte daño, hacerse daño ellos mismos, hacerles daño a los niños, a tu familia, a tus amigos, a tus animales o a tus propiedades si les desafías o quieres cortar la relación. Cuando se tranquilizan intentan dar marcha atrás y afirman que esas amenazas no tenían fundamento y que nunca harían nada semejante. La mayoría de las mujeres son demasiado listas como para creerles, pero prefieren hacer borrón y cuenta nueva con tal de mantener la relación.
- **Críticas:** Estos comentarios aumentarán de frecuencia y se volverán más crueles. Puesto que eres su mujer, creerá que le representas y se sentirá plenamente justificado para hacer comentarios mordaces sobre todo cuanto hagas, digas, te pongas o comas.

deseas algo sólo cuando sea totalmente *distinto* de lo que ella te puede ofrecer. Estas herramientas impedirán que se crea mejor de lo que es y se sienta demasiado confiada.

- **Revelaciones dolorosas**: Muéstrate abierto y comparte información que sabes que dañará sus sentimientos o la hará tener dudas (por ejemplo, puedes decirle que encuentras muy atractiva a su mejor amiga o a un miembro de su familia). Puede ser muy útil para que sea modesta y para distanciarla de otras mujeres.

CÓMO APRETAR LAS TUERCAS

Además de las técnicas y estrategias que acabas de leer, puedes hacer muchas cosas más para aumentar tu capacidad de determinar el futuro de vuestra relación.

Dile que todo lo que va mal es *culpa suya*. Si puedes, señala con exactitud lo que ha hecho o no ha hecho que ha desencadenado los acontecimientos en cuestión. Si ella intenta decir que parte

- **Acusaciones:** La mayoría de los maltratadores sienten pánico a que su pareja consiga algún día el apoyo de otras personas y les abandone. También sienten muchos celos de todo el mundo, sobre todo si son hombres, incluso aunque ellos mismos son infieles constantemente. Si mantienes una relación seria con un maltratador te acusará de ligar o tener relaciones con otros hombres a sus espaldas. El hecho de que lo niegues no le apaciguará. Estas acusaciones las hará totalmente convencido de que son ciertas aunque sólo se deban a su inseguridad patológica. También hay maltratadores que acusan a sus parejas para desviar la atención de lo que hacen ellos cuando no están en casa.

- **Humillación y vergüenza:** Cuando ya estés casada el maltratador continuará haciendo uso de sus herramientas de humillación y vergüenza para dañar tu autoestima y disuadirte de que pases tiempo fuera de casa. Aunque ejerza un control extremo (e incluso te prohíba salir de casa), querrá asegurarse de que estás lo suficientemente atemorizada como para no buscar la compañía de los demás.

Todas estas tácticas hacen que dependas aún más de tu marido maltratador y te restan capacidad para mantener relaciones externas al matrimonio que te ayuden a alejarte de tu cónyuge. Pese a la insistencia de que te quiere, también dará multitud de pasos para que te sientas insegura de tu capacidad para conservar su afecto. Entre ellos:

de lo ocurrido ha sido culpa tuya, recuérdale que no hubieses actuado así si ella hubiese sido una mujer como Dios manda. Después castígala duramente por desafiarte.

Desoriéntala. Esta técnica puede ser un poco radical, pero es muy efectiva si decides utilizarla. Si tienes buena memoria (o al menos eso es lo que ella cree), empieza lo antes posible con esta técnica. Selecciona al azar acontecimientos y empieza a insistir en que las cosas no ocurrieron del modo en que ella las recuerda. Si te apetece, incluso puedes cambiar de sitio algunas cosas en la casa e insistir en que nunca estuvieron donde ella afirma. Así empezará a pensar que se le va la cabeza y dudará de su memoria e incluso de su cordura, por lo que se sentirá aún más dependiente de ti. También reducirá su credibilidad si considera que algún castigo no es justo y acude a terceros o si intenta abandonarte. No estará segura de lo que recuerda, ni de lo ocurrido ni de cómo ocurrió.

- **Mermar la confianza que tienes en ti misma:** Hará que seas consciente de lo mucho que desea algo que tú no tienes ni puedes adquirir. Te mostrará el desprecio que siente por ti y el desdén que le inspiran tus capacidades. Te dirá cosas así de forma regular, aunque le digas que esos comentarios te duelen. Ésa precisamente es su intención: hacerte daño. Estos comentarios pretenden que estés deprimida y carezcas de confianza.

- **Revelaciones dolorosas:** Si bien estas afirmaciones tienen también el fin de hacerte daño, su principal utilidad es impedir que establezcas vínculos con otras mujeres. Sin que tú se lo hayas preguntado, tu marido te dirá que se siente atraído por otras (sobre todo mujeres próximas a ti). Te lo dice para que sientas que esas mujeres son tus rivales y te plantees su lealtad. Así te mantiene aislada e insegura, que es lo que hace más feliz al maltratador.

Además, hay otros dos métodos de maltrato emocional que son muy utilizados:

- **Transferencia de culpa:** No me cansaré de repetirlo: una relación con un maltratador conlleva aceptar la culpabilidad por todo lo que sale mal, perdonarle fácilmente (incluso si a ti nunca te perdona) y tener que soportar un doble rasero. Nunca esperes reciprocidad. Sus exigencias

¡Eso es todo! Si sigues las maniobras sutiles que se han ido resaltando en esta guía, enseguida conseguirás una relación sólida con una buena mujer que estará a tu servicio en todo y para todo. Olvídate de esas zarandajas sobre la «mujer moderna»: si educas a tu compañera como está indicado, lograrás una relación como la que tenían los hombres de antes. Buena suerte.

serán eso, exigencias. En cambio, tus acciones no reflejarán lo que esperas a cambio.

- **Desorientación:** Esta maniobra psicológica, que quizá no sea tan común como la transferencia de culpa, consiste en que el maltratador te convenza de que los hechos no ocurrieron tal y como los recuerdas. Para ello, insistirá en que los objetos que recuerdas que estaban en un lugar concreto de tu casa no han estado nunca allí. El propósito de esta conducta será mermar la confianza en ti misma y restarte credibilidad. Tendrás dudas acerca de tu capacidad para recordar los hechos y así él conseguirá ponerte nerviosa si le pides explicaciones sobre algo. Es una técnica tan eficaz como siniestra.

Aunque el maltrato físico está muy vinculado al maltrato emocional, en este libro no hemos hecho especial hincapié en la violencia. Hay mucha información disponible sobre las relaciones violentas, incluyendo los factores de riesgo de lesiones graves u homicidio.[7] Por el contrario, esta obra se centra en el modo en el que se establece el *maltrato emocional y psicológico*. Subraya cómo se va comportando un maltratador desde el principio de la relación: cómo elige a su pareja, cómo establece la autoridad, cómo utiliza la intensidad y la rapidez para coaccionar psicológicamente a la mujer y después afianzar una dinámica poco saludable. En resumidas cuentas, se centra en la estrategia de la manipulación emocional.

Ahora que ya has leído el lado femenino del libro, vuelve a empezar de nuevo y lee el lado que aporta información para maltratadores. He intentado que el tono y el lenguaje empleado sean parecidos a lo que he oído durante años de tratar con maltratadores confesos. No es agradable, pero es necesario. Tienes que entender su mentalidad y sus razones si quieres aprender a protegerte. *Tienes que estar dispuesta a protegerte porque nadie más lo puede hacer por ti.*

Apéndice

A tenor de las conclusiones a las que han llegado gran parte de los estudios sobre violencia de género, se puede afirmar que hay un denominador común a la personalidad del maltratador.[8] Gran parte de este trabajo se debe a Donald G. Dutton y a otros estudiosos que han utilizado perfiles psicológicos para resaltar la base emocional común a los maltratadores.

Entre estas características comunes hay que resaltar un factor esencial que se ha identificado como «organización límite de la personalidad» o BPO, según las siglas en inglés (Borderline Personality Organisation; Oldham, 2004). Este factor se combina con trastornos de vinculación y factores de riesgo del entorno familiar de origen. Dutton fue el primero que calificó esta combinación de «personalidad maltratadora».[9]

La organización límite de la personalidad presenta: 1) predisposición a mantener relaciones personales inestables e intensas que perjudican esporádicamente a sus parejas sexuales, conductas manipuladoras y dependencia oculta; 2) inestabilidad del yo, con intolerancia a la soledad y miedo al abandono; y 3) furia intensa, carácter exigente y conducta impulsiva que puede llevar aparejado el consumo de drogas o la promiscuidad. Los niveles patológicos de narcisismo también son evidentes. La BPO se sitúa en el mismo plano que el trastorno límite de la personalidad (en inglés, Borderline Personality Disorder, BPD), sólo que el BPD es el punto más extremo de la enfermedad.

La ansiedad de apego que experimentan los maltratadores es especialmente significativa: anhelan establecer lazos íntimos con otra persona, pese a que les aterra la dependencia emocional que ello conlleva. Sienten una profunda desconfianza y pánico al rechazo, además de una ansiedad desmesurada, ira y celos dirigidos hacia sus parejas. Este estilo de apego anómalo también se caracteriza por la incomodidad frente a cualquier muestra de independencia de la pareja y el temor poco realista a ser abandonados.

Asimismo, los hombres que han experimentado malos tratos en su infancia, ya fuesen ellos las víctimas o sus madres, presentan un riesgo mucho mayor de desarrollar una personalidad maltratadora. Este trauma de la infancia también incrementa los niveles en que se manifiesta la personalidad maltratadora.

Notas

1. Robyn Brookes, Director del Centro de Salud para Mujeres, Campbelltown, Nueva Gales del Sur, Australia.

2. Para obtener más detalles sobre la diferencia de altura en las interacciones, véase Henley, N. y Freeman J., 1995; Huczynski, A., 2004; Hatfield, E. y Sprecher, S. 1986, y Ellis, L. (ed.), 1994.

3. Carnegie, D., *How to Win Friends and Influence People*, Simon & Schuster, Nueva York, 1937. [Hay trad. al cast.: *Cómo ganar amigos e influir sobre las personas*, Barcelona, Círculo de Lectores, 1997.]

4. «Locus de control» se refiere a quién o qué se considera responsable de lo que ocurre en la vida. El locus de control externo significa que la persona considera que lo que le ocurre es culpa o responsabilidad de los demás.

5. Con este tipo de maltratador, la señal de que algo va mal es que *se vuelque en exceso muy al principio.* Es el chico atractivo y solícito que se desvive por ayudar a tus familiares y amigos cuando apenas los conoce. La gente que está segura de sí misma no necesita comprar el afecto. ¡Estate muy alerta!

6. La coacción sexual no es un asunto privado. Si *alguna* vez te ha obligado tu pareja actual u otra anterior a mantener relaciones sexuales, tienes que saber que el factor de riesgo de que dicha pareja te asesine *se multiplica por 7,6* (Campbell, 2003).

7. Véase la sección de Recursos al final de este libro.

8. Lawson, David M., «The Development of Abusive Personality: A Trauma Response», *Journal of Counseling and Development*, 2001, vol. 79, n.º 4, p. 505.

9. Para más información sobre la «personalidad maltratadora» definida por Dutton, véase Dutton, Donald G., 1998.

Recursos

Bancroft, Lundy R., *Why Does He Do That? Inside the Minds of Angry and Controlling Men,* Berkley Books, Nueva York, 2002.

Bartholomew, Kim y Shaver, Philip R., «Methods of Assessing Adult Attachment Do They Converge?», Steven W. Rholes y Jeffrey A. Simpson (eds.), *Attachment Theory and Close Relationships,* Guilford Press, Nueva York, 1998.

Brackley, Margaret y Scott Tilley, Donna, «Violent Lives of Women: Critical Points of Intervention – Phase I Focus Groups», *Perspectives in Psychiatric Care,* vol. 40, n.º 4, 2004.

Campbell, Jacqueline C., «Risk Factors for Femicide in Abusive Relationships: Results from a Multisite Case Control Study», *American Journal of Public Health,* vol. 93, n.º 7, 2003.

Carver, Joseph M., *Love and the Stockholm Syndrome,* 2002, disponible en http://www.drjoecarver.com [consultado el 25 de julio de 2007].

Crano, William D., «Attitude Strength and Vested Interest», Jon A. Krosnick y Richard E. Petty (eds.), *Attitude Strength: Antecedents and Consequences,* Lawrence Erlbaum Associates, Mahwah, Nueva Jersey, 1995.

Dutton, Donald G., *The Abusive Personality: Violence and Control in Intimate Relationships,* Guildford Press, Nueva York, 1998.

Ellis, Lee, *Social Stratification and Socioeconomic Inequality,* vol. 2, Praeger Publishers, Westport, Connecticut, 1994.

Feeney Jr., Don J., *Entrancing Relationships: Exploring the Hypnotic Framework of Addictive Relationships,* Praeger Publishers, Westport, Connecticut, 1999.

Hatfield, Elaine y Sprecher, Susan, *Mirror, Mirror: The Importance of Looks in Everyday Life*, State University of New York Press, Albany, Nueva York, 1986.

Henley, Nancy y Freeman, Jo, «The Sexual Politics of Interpersonal Behaviour», *Women: A Feminist Perspective*, 5.ª edición, Mayfield Publishing Company, Columbus, Ohio, 1995.

Huczynski, Andrzej, *Influencing within Organizations*, Routledge Publications, Nueva York, 2004.

Jackson, Jay M., *Social Psychology, Past and Present: An Integrative Orientation*, Lawrence Erlbaum Associates, Hillsdale, Nueva Jersey, 1988.

Jacobson, Neil y Gottman, John, *When Men Batter Women: New Insights Into Ending Abusive Relationships*, Simon & Schuster, Nueva York, 1998. [Hay trad. al cast.: *Hombres que agreden a sus mujeres: cómo poner fin a las relaciones abusivas*, Paidós, Barcelona, 2001.]

James, Kerrie; Seddon, Beth, y Brown, Jac, *Using It or Losing It: Men's Constructions of their Violence Against Female Partners*, Australian Domestic and Family Violence Clearinghouse, http://www.austdvclearinghouse.unsw.edu.au/Occasional/James_et_al_research_paper_final.pdf [consultado el 25 de julio de 2007].

Killeen, Peter R., «The First Principle of Reinforcement», Clive D. Wynne y John E. Staddon (eds.), *Models of Action: Mechanisms for Adaptative Behavior*, Lawrence Erlbaum Associates, Mahwah, Nueva Jersey, 1998.

Landolt, Monica A. y Dutton, Donald G., «Power and Personality: An Analysis of Gay Male Intimate Abuse», *Sex Roles: A Journal of Research*, vol. 37, 1997.

Loeb Adler, Leonore y Denmark, Florence L., *Violence and the Prevention of Violence*, Praeger Publishers, Westport, Connecticut, 1995.

Lorber, Michael y O'Leary, K., «Predictors of the Persistence of Male Aggression in Early Marriage», *Journal of Family Violence,* vol. 19, n.º 6, diciembre de 2004, pp. 329-338.

McMillan, Dina L., «Dynamics of Coercion in Domestic Violence: Toward an Understanding of Abusive Tactics, Types of Violence and Batterers' Intervention Programs», informe entregado en 2005.

McMillan, Dina L. y McKeon, Merrit, «Domestic Abuse or Violence in Child Custody Cases», Dennis Leski (eds.), *Child Custody and Visitation Law and Practice,* Lexis Nexis – Matthew Bender, San Francisco, California, 2003.

Mouzos, Jenny y Makkai, Toni, *Women's Experiences of Male Violence: Findings from the Australian Component of the National Violence Against Women Survey* (NVAWS), Instituto Australiano de Criminología, Canberra, 2004.

Nash Chang, Valerie, *I Just Lost Myself: Psychological Abuse of Women in Marriage,* Praeger Publishers, Westport, Connecticut, 1996.

Newcomb, Theodore M., Tuner, Ralph H. y Converse, Philip E., *Social Psychology: The Study of Human Interaction,* Routledge & Kegan Paul, Londres, 1966.

Oldham, John M., «Boderline Personality Disorder: An overview», *Psychiatric Times,* vol. 21, n.º 8, 2004.

Roberts, Nigel y Noller, Patricia, «The Associations between Adult Attachment and Couple Violence: The Role of Communication Patterns and Relationship Satisfaction», Steven W. Rholes y Jeffrey A. Simpson (eds.), *Attachment Theory and Close Relationships,* Guilford Press, Nueva York, 1998.

Robertson, Neville, «Stopping Violence Programmes: Enhancing the Safety of Battered Women or Producing Better-Educated Batterers?», *New Zealand Journal of Psychology,* vol. 28, n.º 2, 1999.

Rodrigues, Aroldo y Levine, Robert V., *Reflections on 100 Years of Experimental Social Psychology,* Basic Books, Nueva York, 1999.

Skinner, B. F., *Verbal Behavior,* Appleton-Century-Crofts, Nueva York, 1957. [Hay trad. al cast.: *Conducta verbal,* Trillas, México, 1981.]

Smith, Craig A. y Kirby, Leslie, D., «Affect and Cognitive Appraisal Processes», Joseph P. Forgas (eds.), *Handbook of Affect and Social Cognition,* Lawrence Erlbaum Associates, Mahwah, Nueva Jersey, 2001.

Tjaden, Patricia y Thoennes, Nancy, *Extent, Nature and Consequences of Violence Against Women,* National Institute of Justice, Washington, 2000.

Uleman, James S., Newman, Leonard S. y Moskowitz, «People as Flexible Interpreters: Evidence and Issues from Spontaneous Trait Inference», Mark P. Zanna (eds.), *Advances in Experimental Social Psychology,* Academic Press, San Diego, California, 1996.

Websdale, Neil, *Lethality Assessment Tools: A Critical Analysis,* Centro Estadounidense de Recursos Online sobre Violencia de Género, http://www.vawnet.org/DomesticViolence/Research/VAWnetDocs/AR_lethality.php, 2000 [consultado el 10 de enero de 2007].